掌尚文化

Culture is Future

尚文化 · 掌天下

IMMERSION TEACHING AND CULTIVATION OF INNOVATIVE TALENTS IN ECONOMIC MANAGEMENT

Localization
Cases

沉浸式教学与经济管理类创新人才培养

本地化案例

王伟光　夏茂森　主　编

冯荣凯　吴博亚　副主编

经济管理出版社

ECONOMY & MANAGEMENT PUBLISHING HOUSE

图书在版编目（CIP）数据

沉浸式教学与经济管理类创新人才培养：本地化案例 / 王伟光，夏茂森主编；冯荣凯，吴博亚副主编.—北京：经济管理出版社，2022.12

ISBN 978-7-5096-8844-1

Ⅰ.①沉… Ⅱ.①王… ②夏… ③冯… ④吴… Ⅲ.①高等学校- 思想政治教育—教学研究—辽宁②高等学校—人才培养—研究—辽宁 Ⅳ.① G641 ② G649.2

中国版本图书馆 CIP 数据核字（2022）第 241117 号

组稿编辑：张　昕
责任编辑：张　昕
责任印制：张莉琼
责任校对：蔡晓臻

出版发行：经济管理出版社
　　　　　（北京市海淀区北蜂窝 8 号中雅大厦 A 座 11 层　100038）
网　　　址：www.E-mp.com.cn
电　　　话：（010）51915602
印　　　刷：唐山昊达印刷有限公司
经　　　销：新华书店
开　　　本：880mm×1230mm /32
印　　　张：7.5
字　　　数：152 千字
版　　　次：2022 年 12 月第 1 版　　2023 年 9 月第 2 次印刷
书　　　号：ISBN 978-7-5096-8844-1
定　　　价：88.00 元

前　言

　　在新时代创新创业人才培养过程中，如何将基础理论知识与方法最大限度地传授给学生，让学生聚焦和围绕一些关键的社会经济发展问题，寻找解决这些复杂问题的方案，一直是当前教育教学改革与创新面临的一个重要问题。

　　创新创业教育是高等教育的重要内容，它对于培养学生创新创业理念、创业就业择业观、尊重和参与创新创业至关重要。学生综合能力的培养与养成，离不开类标准化理论知识和方法的讲授，同时也需要多种形式的研学、研讨与展示，以更好地融通学科专业知识，贯通理论与实践，在广博知识的基础上形成特色化的知识网络架构，孕育破解复杂现实问题的能力储备，并借助一些鲜活的案例分析，将这些综合能力展现出来。聚焦新一轮东北振兴发展需要，如何将鲜活的本地化创新创业实践引入创新创业、经济管理类相关课程，让学生近距离、零距离参与和体验这些实践活动，直接影响着相关专业创新人才的培养质量。在这个意义上，如何挖掘、提炼与编撰各具特色的案例，就成为教育教学改革的一项重要任务。

结合多年来我们《创新创业基础》《技术创新学》等课程组教学的经验和积累，经过深入思考、交流与讨论发现：学生在接受知识信号时，如果能与直接经验的事件或例子相结合，将能最大限度地降低新知识、新方法接受的时间成本，并将其快速转化为分析问题和解决问题的能力。对于教师而言，来源于现实生活的真实案例也有助于将枯燥的理论知识与鲜活的实践活动结合起来，将科学研究与教育教学结合起来，释放授课知识的存量优势，激活问题场景—师生协同—知识创造—能力强化的多嵌套互动关系，促进知识传递—知识转化与应用—知识创造等知识网络内在逻辑的畅通循环，提高人才培养质量。

更为重要的是，专业基础知识的一致性和异质性，即每门课程基础知识的标准化与知识场景的近地化——本地化案例之间的有机融合，更有助于面向国家战略需求和地方经济社会发展重大需求的高层次人才培养。这就需要聚焦国家战略需求，特别是围绕国家五大安全战略需求，通过学科专业深度融合发展，实现人才培养计划优化、课程体系重构、教学模式方法变革、培养机制创新、产教协同育人、创新创业能力养成等系统化设计，将应用经济学等学科优势转变为科技创新优势、经济优势和竞争优势，推进教育、科技、人才一体化发展，培养出更多更高质量的优秀人才、杰出人才，为区域性科技创新中心建设和创新型国家建设贡献沈阳智慧和辽宁力量。

笔者作为一名政协委员，在参政议政以及科学研究、服务社会的过程中，也见证了以沈阳为代表的东北振兴发展过程中的那股抢拼干的精气神儿、创新劲儿。伴随着政府、企业、高校科研院所、市场中介、生产性服务机构等协同努力，产生了一批批攻克技术难关的典型案例以及可复制推广的制度创新。如何将这些振兴发展的成果有机融入教育教学过程，是我们教学团队一直在思索并试图解决的问题。

沈阳市政协公众号定期或不定期推出了沈阳振兴发展和改革创新的典型企业、典型人物和典型实例。经过沟通协调和调研研究，教学团队把这些公众号内容收集整理起来，按照经济管理类人才培养目标要求和经济管理类核心课程、基础课程等课程目标要求，将这些数字化资源分为革新换面——沈阳振兴之完善营商环境，讲好沈阳故事——大国重器、历史担当与新时期历史责任，时代楷模——沈阳光辉人物，百舸争流——沈阳企业成长，社会底蕴——沈阳人文文化共五大部分 51 个典型案例。每个案例均由知识点、案例与思考题三部分构成，可以用于相关课程的学习和讨论。

在实践中，围绕数字经济与创新创业微专业等人才培养模式改革，我们深度挖掘辽宁全面振兴发展的新实践、新模式、新机制，将这些实践中的典型案例编辑成《沉浸式教学与经济管理类创新人才培养：本地化案例》，并与《创新创业基础》《技术创新学》等课程教学有机融合。将教师服务地方经济社会发展的科研项目、科研成果引入课堂，组建师生联合攻关小组，突破制约本地高质量发展的问题，让学生在课堂中就能体验到中国式现代化征程中的辽沈实践。通过科学研究、学术交流、学科竞赛等形式，让学生边学边用、边用边学，近距离融入辽宁全面振兴发展的"新战役"，助力东北全面振兴、全方位振兴。熟悉本地的社会文化场景、经济活动属性、创新创业组织等，将形成更好的科研、教育与经济社会发展的一体化融合发展和集群发展，强化师生爱祖国爱家乡的家国情怀，深化校地合作，为国家和地方经济社会发展培养、提供高质量人才。

在出版过程中，感谢经济管理出版社杨世伟社长、陈力副社长的大力支持，更感谢张昕编辑辛苦认真的工作。

在具体编写过程中，王伟光、夏茂森、冯荣凯和吴博亚共同设计编写体例和内容提炼。其中，冯荣凯、吴博亚对文本资料进行了收集和初步处理，夏茂森负责每部分案例的进一步修订与完善，最后由王伟光、夏茂森定稿。作为一项探索性教学研究工作，本教材可能还存在一些需要完善的地方，恳请读者和专家批评指正。

目　录

1

革新换面
——沈阳振兴之完善营商环境

第一章

讲好沈阳故事
——大国重器、历史担当与新时期历史责任

3 时代楷模
——沈阳光辉人物

第三章

4

第四章

百舸争流
——沈阳企业成长

社会底蕴
——沈阳人文文化

革新换面

——沈阳振兴之完善营商环境

【知识点】

坚持以"真实问题"为导向，从沈阳面临老工业基地振兴的困境入手，引发学生对老工业城市存在的制度、文化和营商环境等方面问题的深入思考。一个区域的整体发展是一个生态系统，而营商环境的完善直接影响到区域企业运营成本和经营发展水平。2017年以来，沈阳市经济断崖式下滑，引起了辽宁省委、沈阳市委各级政府领导的高度重视，他们一致认为营商环境是经济发展的关键，优化营商环境是推动经济发展的生命线，并将2017年定为"优化营商环境建设年"，陆续出台了《辽宁省优化营商环境条例》等地方性政策，显示了沈阳市扭转经济颓势、大力发展营商环境的决心。在大学生教育中，也应将本地案例引入专业教学中，引导学生对现实问题加以关注和思考，培养学以致用人才。

一 营商环境提升——政府服务效率

【**知识点**】2018 年 9 月，习近平总书记在沈阳主持召开深入推进东北振兴座谈会时指出，东北地区是我国重要的工业和农业基地，维护国家国防安全、粮食安全、生态安全、能源安全、产业安全的战略地位十分重要，关乎国家发展大局。东北振兴需要以优化营商环境为基础，全面深化改革。2020 年 7 月，习近平总书记在吉林考察时强调，要加快转变政府职能，培育市场化、法治化、国际化的营商环境。

东北地区是我国最重要的老工业基地之一，承载着我国"大国重器""国家工业安全"的重大历史使命。但随着我国经济改革的不断深入，东北地区长久沉积的体制机制和文化等问题成为东北振兴的桎梏，导致东北地区经济发展滞后。政府服务效率直接决定企业运营环境与运营成本，高效的政府服务效率可以降低本地企业运营成本，提高企业运营效率，构建城市投资洼地，形成良好的区域经济发展生态。

案例一： 一滴水映照沈阳的未来

〖**思政课程结合**〗 中国共产党和各级政府的根本宗旨是全心全意为人民服务，习近平总书记一直强调社会主义核心价值观，倡导自由、平等、公正、法治，打造优化营商环境，提高政府服务企业、服务居民的效率，政府从原来的"管理理念"向"服务理念"的转变是中国共产党践行全心全意为人民服务宗旨的体现。通过该案例，引申对党的奋斗目标和宗旨的教育，对于未来将要走向各类工作岗位，特别是可能走向政府部门管理岗位的大学生进行相关教育，通过实际案例让他们深刻认识到政府服务效率与营商环境优化、地方经济发展的关系，树立正确的职业观和为人民服务的价值观，用情用心实践习近平总书记提出的"民生无小事，枝叶总关情"的民生观。

一滴水既可以折射出太阳的光辉，感知一个国家的温度，也能映照一座城市的未来。从 2018 年开始，中国致公党沈阳市委员会受中共沈阳市委委托，每年对沈阳市优化营商环境专项整治进行专项民主监督，在对垄断行业收费、审批效率、要素保障等营商环境进行民主监督的过程中一步步丈量出沈阳市用优质营商环境为高质量发展赋能的决心向度。

2018 年的夏天，中国致公党沈阳市委员会调研组在水务大厅走访时，正值某大型控股公司东北区域公司工作人员在窗口办理用水手续，他们表示，办理环节和手续非常复杂，反反复复地折腾，两个月过去了，审批还是没有通过。这类困难在当时并不是个例，2018 年沈阳市用水报装业务办理时间普遍都超过 30 天，对于施工期短的沈阳市，企业"办水难""用水难"一度成为困扰企业发展的痛点。

不知不觉中，几年过去了，中国致公党沈阳市委员会在一次次走访过程中欣喜地看到，抱怨的人少了，夸赞的人多了，流程更简便了，服务更精准了，用时更短了。现在要报装用水，甚至可以不用去大厅，通过沈阳市政务服务网、市政务服务 App、"沈阳水管家"微信公众号等就可以直接申请，实现最多跑一次，真正做到了让老百姓"多跑流量、少跑路"。水务集团还针对企业用户推出了"包办制、保姆式"上门服务，以用水报装为起点，整合报装、查勘、设计、施工、营业服务等资源，变被动为主动，为企业办理相关用水报装，为企业提供一对一服务，让企业"零见面、零跑腿"就能完成用水报装。

此外，水务集团还围绕工程用水报装推行了"200 服务"（2 个环节、0 上门、0 成本），具备接水条件的，无外线工程的办结时间不超过 3 个工作日、有外线且无需办理行政审批事项的工程办结时间不超过 8 个工作日、有外线且需要办理行政审批事项的工程办结时间不超过 15 个工作日。

1. 施工更静了。3 年前，调研组在走访中听到老百姓抱怨最多的就是遍地的"马路拉链"，道路隔三岔五"开膛破肚"，今天上水管维修，明天排水管改造；机器轰鸣，遍地沟壑；晴天尘土飞扬，雨天满地泥浆。每每谈及，大家叫苦不迭。施工地段附近的百姓投诉率一直居高不下。

为了解决这类问题，水务集团联合施工单位一直在探索新的工艺。2020 年，水务集团负责的沈阳市排水防涝二期二批肇工排水系统使用了新工艺。大管径泥水平衡顶管机这一地下管网铺设新技术，将排水管线下穿仙女湖及卫工明渠，这种稳固的地下管道铺设新工艺不需要开挖路面、不影响交通、不影响周边建筑，成功解决了之前大型管网改造时带来的诸多问题，同时也大大提高了施工效率。

2. 服务更好了。 随着城市发展的大踏步前进，老旧小区的管理维护水平越来越受到关注。为了提高供水服务质量，保障城市供水用水安全，2019 年起沈阳水务集团全面开展了居民小区内网改造 300 公里计划。此次计划是水务集团统一部署的长期服务计划，当年内计划为 200 余个小区近 60 万居民家中的管网进行检修维护、侧漏修漏等改造工作。

通过此次内网改造，沈阳全市每日减少管网漏失水量高达 4 万立方米，每年节约资金 2700 余万元，更从根本上解决了居民家中漏水不断、水压不稳、水质发黄等问题。水务集团的这项内网改造计划已经惠及 100 余万居民，他们为民所想、为民所需的服务精神正使越来越多的市民受益。

思考题

你认为政府效率提升、政府职能转变对区域经济发展有哪些重要作用？如果毕业后成为一名公务人员，你会秉持怎样的工作态度？

案例二：打造一流营商环境　聚力助推经济发展

〖**思政课程结合**〗企业运营、创新的环境决定企业的运营成本和创新成本，制度成本理论认为，产生于政企互动过程的制度成本是营商环境建设应着力避免的一种消耗。政府行政流程、行政效率以及由此构建的行政体系也会通过降低成本、提高服务质量来增强企业投资、发展、创新的动力，激发市场主体新活力。浑南新区作为我国第一批国家级高新区，在营商环境打造、政企关系构建、行政机构改革等方面走在沈阳市前列，致力于打造成为东北地区具有活力和创新能力的高新技术新区。通过在营商环境打造过程中政府服务意识的转变，引导学生爱岗敬业、投身到东北老工业基地的建设中。对于行政管理、社会保障等专业毕业后以政府公务员为主要职业的学生，要引导他们树立正确的职业精神和职业规范，增加其未来作为一名政府工作人员的职业责任感，培养其为人民服务的意识和担当，为未来社会培养出色的政府工作人员。

打造"浑南会客厅" 助企经营"加速度"

"浑南会客厅"是浑南区优化区域投资发展环境、建设新型政企关系、提高政府治理能力和治理水平工作的重要成果，是按照亲民化、智能化、体验化、专业化理念精心打造的第三代涉企法人政务服务平台。按照浑南区委、区政府工作部署，"浑南会客厅"于 2020 年 7 月 13 日投入运行。

1. 政务服务模式升级。 "浑南会客厅"在空间设计上打破传统的"柜台式"布局，颠覆固有的行政审批大厅运行模式。从过去窗口"掌柜式"审批变为卡座"店小二"式服务，让审批人员与企业人员面对面、肩并肩，"零距离"交流，是沈阳全市首个集业务办理、自助服务、休闲娱乐、专人帮办代办等功能于一体的政务服务业务办理中心。

2. 政务服务系统升级。 "浑南会客厅"配置运行多种一体化、智能化设施、设备，开发运行智能随机排队系统、"一事一码"认证系统及数字二维码转换系统、大数据及物料流转系统、现场踏勘及技术论证辅助审批系统、发证中心运行系统、AI 审批自助办理系统、远程咨询系统、导引及展示系统、重点项目监控跟踪系统等，实现行政审批全程网办、全程监管、全程评价。

3. 政务服务团队升级。2020 年浑南区政府克服财政困难,组建了一支 64 人的全口径、高水平、专业化帮办代办团队,企业在"浑南会客厅"只需要提交需求,剩下的事就由政府"帮办团队"来办。变过去的"企业跑"为现在的"政府跑",真正地实现了把"困难"留给政府,把"方便"留给企业。

"一枚印章管审批" 一站服务办全程

2020 年 8 月 10 日,浑南区审批局成立,实现了一个机构、一枚印章统管全部涉企审批事项。按照"集中许可、审管分离、应划必划、不留死角"的原则,浑南区将分散在政府各部门的涉企审批事项划转至行政审批局,相对集中、统一地行使行政职权。自然资源分局、生态环境分局、公安分局等垂直管理部门,按照"三集中、三到位"要求,将内设行政审批机构整建制进驻区行政审批局集中办公,强力打造全区营商环境建设的"主阵地"。

1. 实现从"外循环"到"内循环"的转变。浑南区将 15 个职能部门的 25 枚审批专用章全部封存,用浑南区审批局一个机构的一枚印章统管全部涉企审批事项。审批人员由原来的 167 人缩减到 58 人,减少了 109 人,精简比例达 65%,全面实行"一表申请、一口受理、一章审批、一口发照",实现会客厅外无审批、审批局外无审批章。

2. **实现从"单一化"到"全流程"转变**。重塑行政审批流程，实现受审分离、协同高效。按照"前台统一受理、后台分类审批、线上线下一体、结果统一发证"的模式，对"一件事"事项梳理整合、流程再造，实现多事项联审、多部门联办，将原来的"串联"模式改为"并联"模式，最大限度地提高了审批效率，方便了企业群众办事。

3. **实现从"重批轻管"到"宽进严管"转变**。审批局成立审批业务监督科，搭建"浑南区审批工作大数据监管平台"，实时掌握、监控、督办全区行政审批事项运行情况，提高浑南区整体行政审批效率。进一步健全事中事后监管体系。分类制定完善的监管办法，明确监管标准、监管方式和监管措施，强化依法监管，避免出现监管真空。另外，建立全区企业诚信数据库，及时将企业严重失信信息进行归集，并由各相关单位分别实施联合惩戒，同时对失信主体在行业准入环节依法实施限制。

打通服务"最后一公里" 方便办事贴民心

1. **服务中心进社区，线上线下不打烊**。打造"社区政务驿站"，实现政务服务 24 小时不打烊。充分发挥"互联网＋政务服务"优势，打造自助办、网上办和预约办"三位一体"服务模式，将政务服务自助一体机引进社区，居民在社区即可完成涉民、涉企审批事项的查询和受理。同时，在原有"全市通办"115 项便民服务事项基础上，深入推进医保、社保 21 项事项及公安 3 类 11 项事项下放至社区，目前首创、彩霞、优品天地 3 个试点社区已实现医保、社保"就近办"，真正打通了政务服务"最后一公里"。

2. 24 小时自助大厅，警务服务随时办。浑南区公安分局投资 260 余万元建成东北地区首个警务"24 小时自助服务大厅"。大厅设置身份证自助办理机、出入境港澳台自助签注机，自助领卡、领证机和交通违法自助查询、缴费扣分一体机，并安排 2 名民警和 6 名辅警 24 小时轮流值守引导服务。另外，全国首例 AI 机器人在公安服务窗口和社区警务室投入使用。在浑南区政务服务中心公安窗口和五三街道奉天九里社区警务室，AI 机器人"小宝"和"家乐"能够配合窗口民警完成市民接待、引领、咨询、宣传和解答工作，为办事群众与公安民警搭建了沟通新平台。

3. 办税大厅三合一，办税服务五统一。浑南、高新、自贸三区办税大厅实现"三厅合一"，实现全域办税服务一体化。全新的办税服务厅实现组织管理、制度建设、业务标准、对外宣传和"税事通"服务五个"统一"。办税服务厅建立了 24 小时发票申领自助区，全面推行"非接触式办税"服务新模式。

4. 社会治理新格局，综合指挥一张网。高标准组建社会治理综合指挥服务中心，中心由集劳动仲裁、农业仲裁、农民工维权、信访调处、联合接访及各类民生诉求平台受理办结于一体的矛盾调处多元化解中心，集诉讼服务、律师服务、法律援助、公证办理、司法调解、行政调解、人民调解于一体的公共法律服务中心，集城市管理、应急处置、市场监督、设施建设、卫健防控、环境保护等城市风险预警监测、分析研判于一体的智慧治理中心组成。真正实现了"一张网统筹、一盘棋调处、一站式受理、一体化解决"。通过横向智慧连接、纵向精细延伸，形成线上线下互联互通的全周期社会治理服务机制，擘画出从数字化到智能化再向智慧化发展的宏伟蓝图，开辟浑南区城市治理体系和治理能力现代化的创新之路。

深化"痛快办"政务服务改革

浑南区从"加速办、提前办、一次办、无感办、掌上办、主动办"6个方面入手，让企业和群众在浑南区办事"痛痛快快"。

1. 优化审批服务，实现"加速办"。实现1420项行政许可事项"加速办"。其中，1148个事项由"限时办"改为"即刻办"，即办率达到78.3%，平均办理环节不超过4.5个，个人类、法人类事项平均材料数分别不超过4个、8个，依申请类事项线上100%全程网办。185个事项由政务服务平台办理转到手机终端、19个事项直接取消审批、8个事项改为备案管理、60个事项实行"以函代证"，全面缩短审批时限，平均时限压缩至法定的1/5。

2. 实行告知承诺，实现"提前办"。在涉及国家安全、公共安全和人民群众生命健康的行业、领域之外，推行 200 项政务服务事项办理"告知承诺制"。全力推进"先批后审、以管代审"改革，通过一次性告知企业许可条件，建立"告知承诺"清单，明确监管规则和违反承诺后果，推行先领证、后补交，"承诺"即"办结"，并通过监管和信用约束强化后期监管职能，让企业规矩办事、放心经营。

3. 整合审批流程，实现"一次办"。深入推进政务服务"只提报一次"改革，整合审批流程，实现开办 KTV、蛋糕店、便利店等 42 个事项"一次办"。充分发挥会客厅"综窗受理"和审批局"一枚印章管审批"的集成服务优势，将涉及多个部门办理的事项并行办理、联合评审、联合踏勘，强化业务协同，提高审批效率。

4. 建立数据共享，努力实现"无感办"。依托浑南智能体大数据综合治理平台，为企业建立数字档案，利用后台的数据共享、自动智能处理，实现对企业、个人高频政务服务事项通过无纸化、免填单方式快速办结。拓展企业身份核验和法人授权办事功能，为企业、个人智能画像并创建属于自己的"数字空间"，用户认证授权即可实现用户信息授权关联、到期服务自动提醒、涉企政策自动精准推送、关联服务直接办理。

5. 创新便民举措，实现"掌上办"。依托浑南智能体大数据综合治理平台，开发手机 App，把群众关注的房产、户口、医保、社保等高频政务服务事项搬到手机上，让群众不出门就办事、移动着就办事、随时随地、想办就办。推进"7×24小时"政务服务建设，实行市民服务大厅七天无休"不打烊"、错时办公，推动市民办事便利化向纵深发展。

6.转变工作作风，实现"主动办"。 持续发挥VIP全程帮代办作用，为落户浑南区的重点项目提供全生命周期"一对一式""保姆式""店小二式"服务。继续大力推进"万人进万企""一联三帮""营商下午茶"工作，拓宽企业反映问题渠道。主动挖掘更多企业问题，完善企业诉求快速解决机制，保证企业合理诉求3日内办结。

工程建设领域改革　项目"落地即开工"

1."容缺受理、先批后审、以函代证、以管代审"。 其中，容缺受理指要件不全可先行审批，要件齐全立即发放许可证，针对其他审批部门出具的前置审批要件推行"结果互认"；先批后审指实行告知承诺制，先行审批并发放许可证，限期补全其他要件；以函代证指以备案函代替许可证，建设单位依据有关函证即可开展用地、规划、勘察等工作，办理相关手续及开工；以管代审指保留审批事项，取消行政审批，以后续监管代替行政审批。

2."多证合一、一照一码、能简尽简、该减必减"。 在企业准入准营领域，浑南区大力推行"多证合一"改革，各部门全面梳理涉企证照事项，能整合尽整合、能简化尽简化、该减掉必减掉，真正实行"多证合一、一照一码"，实现市场主体"一照一码走天下"；推行"审批事后无审批"改革，取消许可证年度核验，大幅提高或取消许可证有效期限，推行变更类审批事项备案管理，对行政许可经营范围实施动态管理。

3. "分段审批、一事一议、书面承诺、拿地开工"。 工程建设审批领域，针对北方地区实际情况，找到工程建设项目审批提速"突破口"，将"容缺受理＋承诺制"模式形成制度，采取"分段审批"方式，以《重点项目开工意见书》（以下简称《意见书》）代替《建筑工程施工许可证》（以下简称《许可证》），实现重点项目"拿地即开工"。《意见书》采取"一事一议"企业申报、线下办理方式开展，由项目单位向项目所在地政府部门提交书面申请及承诺，并在《意见书》有效期内办理正式施工许可。逾期未兑现承诺的企业，将被列入黑名单。全面推动工程建设项目审批制度改革向纵深推进，使"容缺受理＋承诺制"模式制度化，全面梳理工程建设类项目审批工作中的各个环节，采取重点项目建设前期以《意见书》代替《许可证》的形式加快推动项目开工建设，实现重点项目"拿地即开工"。

营商环境建设作为一项长期系统工程，没有最好，只有更好。浑南区将继续加大改革力度，鼓励基层大胆改革、勇于创新，加强典型经验的总结提炼和宣传推广，推动浑南区营商环境再上新台阶。

思考题

　　沈阳市浑南区政府行政体系、审批制度的改变对企业运营会产生哪些影响？在区域经济发展体系中，政府行政体系扮演什么角色？

二　营商环境提升——打造风清气正的政商关系

　　【知识点】2020年7月，习近平总书记在吉林考察时强调，加快转变政府职能，培育市场化、法治化、国际化营商环境。优质的国际营商环境成为企业在国际上吸引投资、提升企业吸引力的重要条件，被越来越多的国家和地区所重视。要提升国际营商环境，应推崇现代市场规则，转变政府在区域经济发展中的定位与职能，树立政府服务意识、提升服务效率，打造风清气正的政商环境。东北地区振兴发展离不开优良的营商环境。商业运营成本较高、官本位思想严重、政府服务意识淡薄，这些都是影响健康优良营商环境建设与发展的重要因素。近年来，沈阳市狠抓工作作风，以国际营商环境构建为标杆，重点推进"一网通办""减少行政审批流程环节"等营商优化工作落实，使沈阳的政商环境焕然一新。在学生课程教育教学中，应该引导学生更全面地认识到党和政府在营商环境中的作用和全心全意为人民服务的宗旨。教育引导学生从自身做起，懂得营商政企环境、人文环境、法治环境的内涵，做好东北老工业基地营商环境实践的践行者。

案例三：优化营商环境 康平县"4+2"服务模式让企业尝到甜头

〖**思政课程结合**〗营商环境是一个涉及政府行政效率、市场规则执行、人文环境构建等多元的生态体系，每个政府部门、每个公务人员甚至每个区域环境的细节，都是构成营商环境的部分。营商环境不是静态的，而是不断动态完善的；不是只由一个部门来管理监督的，而是需要每个部门、每个人的共同参与。大学生毕业后，会有部分同学留在辽宁工作，也有部分同学奔赴各地。要把自己看成优化营商环境的一分子，既是营商环境的被影响者，也是营商环境的构成者和影响者。因此，在教学中，可从优化营商环境与区域经济发展等案例入手，让学生认识到优化营商环境对区域经济发展的作用，也促使其在毕业后，能够积极践行营商环境优化。

《优化营商环境条例》已于 2019 年 10 月 8 日国务院第 66 次常

务会议通过，自 2020 年 1 月 1 日起施行。自 2020 年以来，沈阳市康平县在招商引资的工作实践中，响应国家政策，不断探索创新，优化营商环境，深入企业了解情况，切实落实政策，总结出了"四我"服务理念和"两个有机结合"的"4+2"营商服务模式，有力地推动了一批体量大、质量好、科技含量高的项目签约落地，无论是政府还是企业都尝到了甜头。

营商环境的优化　重在服务的质量和效率

2020 年，辽宁省提出"办事方便、法治良好、成本竞争力强、生态宜居"的营商环境目标和"我就是营商环境，营商环境就是我"的要求。在招商引资工作中，不断探索创新，树立"四我"服务理念，实施"两个有机结合"，形成了"4+2"营商服务模式。

"四我"服务理念，就是将概念的、抽象的"我"变成一个个具体的、鲜活的"我"。一是"企业出题我答题"。在招商引资阶段，企业提出项目用地、支持政策等方面的问题，政府结合实际，科学、快速、精准地给予答复，让企业清晰、准确地了解相关信息，有力地促进项目落地。二是"企业事情我来办"。项目落地后，在行政审批、建设程序办理、配套设施协调等方面，凡是项目方的相关需求，不需要企业出面，均由政府安排专人负责办理，并且按照要求限时办结，加速项目推进。三是"企业发展我保障"。项目建成投产后，在经营发展阶段，政府从争取上级政策支持到保护合法权益、减少纷扰方面，提供全方位的保障，为企业发展营造最舒心、安心、放心、宽心的环境。四是"企业先赢我后赢"。充分考虑企业投资、生产、营销的"盈亏平衡点"，设身处地支持鼓励企业先发展壮大，再回报社会。政府秉承"诚信政府"理念，继续做好服务工作，实现共赢。目前，康平县已将"四我"服务理念贯穿体现在从招商引资到互利共赢的全链条、全过程中。

注重发挥"两个有机结合"，即鼓励新的市场主体和照顾老的市场主体有机结合、优化体制机制和"我"的主观能动性作用发挥有机结合。在优化体制机制方面，借鉴、复制国务院在全国推广的涉及企业开办、建筑许可、不动产登记、纳税服务、办理保险等方面的 84 个营商案例，将其全部融入康平营商环境优化工作。对标对表沈阳市营商环境改评 13 项指标，在审批时间上再压缩、在机会成本上再降低、在注册环节上再减少、在提报材料上再精简，力争每项都是全市最短、最低、最少、最简。从畅通便利体制机制和充分发挥"我"的作用两方面，推动以管理为主的"被动、后置、一般"服务向以"主动、前置、增益"服务主导的人的主观能动性作用更好地发挥转变，以此来促进企业投资在康平县发展没有堵点、没有难点、没有痛点。

2020 年以来，康平县成功激活 9 处闲置资产，盘活闲置土地 640 亩，盘活闲置厂房 10 万余平方米；全年实现新增签约项目 71 个，涉及农业、工业、能源、服务业和基础设施等领域，总投资约 170 亿元，同比增长 52%。康平县通过"两个有机结合"，改造升级"老字号"、深度开发"原字号"、培育壮大"新字号"。以担当的精神和创新的举措推动解决了企业产权证办理等一批历史遗留问题，得到了企业的广泛赞许和对康平县营商环境的高度评价。

营商环境的优化　贵在服务的贴心到位

"东比西较，感觉康平最好！这是我们投资 3000 万元建的全新标准化厂房，我对沈阳、对康平的投资充满信心，准备把自己的后半生都扎根康平了。"沈阳华泰塑业有限公司董事长易会杰指着几百米外的新厂房兴奋地说。康平县能得到企业如此高的评价着实不易。

易会杰说："我们搞企业'白天当老板，晚上睡地板'，不怕吃苦，最在乎的是营商环境。我全程见证了康平县营商环境的向好变化，前些年提倡'亲情式''保姆式''店小二式'服务。去年，开发区扎实落实'四我'营商理念，为我们提供了'全程代办'的温馨贴心的服务。我在这里投资项目，注册立项、土地摘牌、建设程序办理、水电气等配套设施协调，都不用我们出面，办任何事情、手续，都是开发区指定专门项目代办专员全程代办，我们省了很多心，能把全部精力放在企业经营上。"易会杰的话，道出了来康平县投资者的心声。不仅易会杰这样认为，富莱碳纤维、信邦轮毂、骏标轮胎、中农联冷链物流的投资者也有同样的体会。

营商环境的优化 成在服务的责任担当

沈阳富莱碳纤维有限公司是 2020 年 3 月入驻康平县、10 月正式投产的一家科技创新企业，一期投资 1.01 亿元，每月产值超 2000 万元，每月上缴利税 100 余万元。据公司董事长张永福介绍，公司从 2020年 1 月初开始对接洽谈到正式签约、资金注册仅用了 60 天。60 天虽然短暂，但康平县在 60 天内有效协调解决问题的过程却让张永福印象深刻。他说："是康平县的诚心诚意、敢于担当，面对困难迎刃解、面对风险敢担当的胆识气魄，打动了我们投资人。在我们还犹豫不决时被感动得下定决心落地康平、扎根康平。"

2020 年以来，康平县引进富莱碳纤维不容易，引进总投资 5 亿元的骏标科技轮胎、总投资 7 亿元的中农联农特产品冷链物流产业园、总投资 15 亿元的吉能热电联产项目、总投资 22.5 亿元的辽宁能源 30万千瓦风电项目、总投资 10 亿元的信邦汽车配套 OEM 产业园项目同样不容易，每一个项目都是康平县本着敢于担当、敢于突破的精神，冒着风险、顶着压力、攻坚克难、毅然决然推进的。也正是这样的过程，让企业家对康平县刮目相看，让干部群众都充满信心。

营商环境建设永远在路上。康平还要继续深化"放管服"改革，不断优化营商环境，要视营商环境为"空气、阳光、水"，让企业家在舒心、便捷、愉快的环境中办事方便，什么时候有事什么时候解决，什么地方有事什么地方解决，随时有人帮助企业解决，干一件事就要成一件事，成一件事就要踏实一件事，让企业家真心融入康平这片热土。

思考题

在如康平县这样经济相对落后的县域发展中，营商环境起到什么样的作用？

案例四：推进知识产权全面发展　打造创新发展营商环境

〖 **思政课程结合** 〗 伴随经济的发展，创新在国家经济发展和国家安全中起到越来越重要的作用，而企业创新行为本身具有公共产品属性，知识产权保护制度的本质是对于企业创新行为中的付出与风险承担后收益的保障。知识产权保护环境是营商环境的重要构成部分。我国《知识产权保护法》制定时间较晚，人们知识产权保护意识淡薄，具有知识产权、法律等专业知识的复合型人才培养缺失，导致我国企业创新意识、创新投入和创新绩效上的缺失，此种情况在东北地区尤为突出。2018 年以来，以美国为首的西方国家对我国"卡脖子"技术的进口进行管制，依靠知识产权优势对华为、中兴等高技术企业进行制裁，给我国企业造成了巨大的经济损失。因此，对大学生进行知识产权理论的传授，使其建立知识产权意识具有重要的现实意义。在相关课程教学中将知识产权、制度创新等与中美贸易摩擦、逆全球化的背景相结合，通过这些引导学生树立正确的学习观和为民族复兴努力学习奋斗的价值观。

随着经济的发展，知识产权在经济发展中的重要性越发突出，其在促进经济发展、科技进步、文化繁荣等方面发挥着不可替代的作用。易玉委员在经过多年经验和知识的积累后，决心将知识产权理论研究成果运用到知识产权人才培养中，为辽宁省培养高端知识产权管理人才，将人才优势、科教优势转化为经济社会发展的创新优势、产业优势。在多年知识产权领域工作中，易玉委员响应国家号召，克服困难，步履不停，在知识产权领域取得了一个又一个跨越式的进步。

2021年9月，中共中央、国务院印发《知识产权强国建设纲要（2021—2035年）》，为加快建设中国特色、世界水平的知识产权强国擘画了宏伟蓝图。在沈阳，有这样一位知识产权学者，他站位高、视野远，用30年黄金岁月，投身于知识产权科学研究、人才培养和社会服务，推动了沈阳市知识产权事业发展，为打造沈阳创新发展的营商环境和知识产权人才发展环境提供了有力支撑。他，就是沈阳市政协委员易玉教授。

国内知识产权事业起步于改革开放初期。20 世纪 90 年代初期，易玉深刻体会到知识产权是急需突破的重点问题，于是他的研究方向从化学品研发领域转入知识产权领域。此后，易玉专注于沈阳市知识产权工作，为助力产业创新发展营造良好法治环境做出了重要贡献。易玉 30 年来不懈地钻研知识产权法，为沈阳市知识产权科学研究、人才培养和社会服务奠定了坚实的基础。易玉是改革开放以来沈阳市受到知识产权系统教育的第一人。1987 年从复旦大学化学系毕业之后，他来到沈阳从事照相化学品研究开发和知识产权管理工作，1992 年 9 月至 1995 年 1 月在华中科技大学知识产权法专业系统地学习了知识产权法，获得法学学士学位，开始了其知识产权职业生涯。

多年来，易玉始终致力于把人才优势、科教优势转化为经济社会发展的创新优势、产业优势。易玉是沈阳域内高校讲授知识产权法本科课程的先行者之一。自 1995 年起，易玉在高校从事知识产权教学和科研工作，承担历年的知识产权法本科课程的讲授，且至今从未间断。2007 年起先后创设了沈阳首个民商法学硕士点知识产权与科技法方向、首个知识产权法二级学科硕士点、首个知识产权本科专业，培养了数百名知识产权专业人才，为沈阳市建设知识产权强市提供了智力保障。

2013 年，易玉参与创立沈阳市法学会知识产权法学研究会，设立了沈阳市首个市级知识产权社团组织。2013 年，易玉主笔申报了知识产权本科专业，创立了沈阳市首个知识产权本科专业，培养出一大批知识产权人才。其中，沈阳工业大学知识产权 1401 班在校四年取得班集体全优荣誉。2017 年，易玉组建中德知识产权学院并任首届院长，聘请多名海外专家为客座教授，为沈阳市知识产权国际合作和海外维权奠定了坚实的基础。

在强化知识产权的基础研究和应用研究上，易玉始终走在学术领域的前沿阵地。易玉主持完成知识产权与科技法领域的科研课题 60 余项、发表论文 20 余篇、出版著作 10 余部，获得省市科技进步奖、省政府奖等奖项 20 多项，为《沈阳市知识产权战略纲要》和《沈阳市专利促进条例》等法规规章的研究制定做出了重要贡献。

2009 年 4 月，易玉主持设立了沈阳首个知识产权专业机构——辽宁省知识产权研究院。研究院成立的十余年间，易玉从未停止知识产权研究的脚步。2019 年，受辽宁省知识产权局委托，易玉担任辽宁省知识产权高级职称评审委员会的副主任委员，系统编制《辽宁省经济系列知识产权专业技术资格评审标准》，推动辽宁省率先成为知识产权高级职称认定的省份，填补了辽宁省知识产权人才评价激励机制的空白，催生了沈阳市首批高级知识产权师。作为政协委员，易玉时刻履职为地方发展建言献策，他撰写的《关于加强中德（沈阳）装备园知识产权保护环境建设的提案》被评为市政协优秀提案，被沈阳市政府工作报告采用，推动了沈阳知识产权仲裁院（中德产业园知识产权仲裁院）的成立和建设，在沈阳市知识产权相关的改革示范任务中发挥了关键作用。2020 年，他又主持知识产权专业技术资格评审标准的编撰，任评委会副主任委员，评选出沈阳市首批正高级知识产权师。

2020 年，易玉放弃假期等休息时间，积极参与沈阳市知识产权运营服务体系建设重点城市申请方案的编制工作，连续第三年主笔编撰知识产权运营服务体系建设方案等材料，助力沈阳在 21 个候选城市中脱颖而出，成为全国知识产权运营服务体系建设重点城市，获得中央财政支持 1.5 亿元，为沈阳市推进知识产权跨越式发展做出重要贡献。

2021 年，易玉在知识产权文化发展、智库建设、人才培养体系构建、服务区域实体经济发展等方面开展深入的研究与实践，得到《人民日报》、《辽宁日报》、沈阳广播电视台、今日头条等主流媒体 40 余次报道推广。

易玉主编的《知识产权普法漫画册》由知识产权出版社在 2021 年 4 月正式出版发行，并于 6 月列入全国新书目录。以漫画形式普及《民法典》在国内实属首例，这是沈阳首个为宣传《民法典》实施所创作的以漫画形式表达的系统化的知识产权普法作品，并在国家级出版社出版发行，展示了沈阳知识产权普法的专业实力，为弘扬知识产权文化做出了重要贡献。

易玉热心于知识产权社会服务，与地方政府、企事业单位、行业协会等主体建立了深入合作机制，协同中国（辽宁）自由贸易开发区联合成立"辽宁省知识产权涉外风险防控中心"，积极开展知识产权涉外风险防控体系建设工作，成效显著；推动沈阳金融商贸开发区"知识产权证券化试点"工作有序开展，建设高价值专利培育中心，组织实施企业知识产权战略推进计划、高价值专利培育计划等企业服务项目，帮助沈阳企业提升知识产权实力，高水平服务 16 家企业通过了知识产权贯标认证、10 家企业荣获省知识产权示范企业称号。

2021 年 4 月以来，易玉先后邀请北京、江苏等地知识产权行业的领军人才，举办公益培训 20 余场，有效提高了辽宁省知识产权管理人员业务水平，提升了知识产权管理工作标准，通过多元化培训方式向全社会普及知识产权知识。在辽宁省知识产权局的规划指导下，由易玉委员牵头启动"辽宁省知识产权服务业发展联盟"的筹备工作。联盟将汇集国内外科教资源力量和服务资源，着力打造集知识产权多元化人才培养、国际合作交流于一体的具有辽宁特色的知识产权"政产学研用"共建、共享平台，为加快建设知识产权强省提供智力保障。

2021 年 9 月，易玉组织辽宁省知识产权研究院、中国（沈阳）知识产权保护中心主任李文刚等与上海段和段（沈阳）律师事务所主要负责人高戟、姜连山、刘双玉等就未来几方合作的角度与方式进行了深入交流。此次交流深度剖析了全球知识产权布局，为建立海外合作机制打下了基础。易玉认为，国际法律业务一直是国内律师的短板，段和段律师事务所在引进国外投资和帮助中国企业走出国门方面取得了令人瞩目的成果，辽宁省知识产权研究院愿意提供人才培养和智力支撑，助力企业快速发展。

2021 年 9 月 17 日，易玉受邀参加沈抚示范区知识产权高质量发展论坛，代表辽宁省知识产权研究院针对"提高知识产权质量，防范知识产权风险"问题进行发言。从知识产权的创造、保护、转化、运用等不同角度探讨了市场创新主体应如何熟练运用、经营知识产权成果，促进成果产业化，放大经济社会效益，并针对企业在实际操作中可能遇到的难点、痛点提出了建议和方案。

2021 年是特别的一年，是具有跨越性意义的一年。易玉为推进知识产权行业发展采取了重大举措，在各级知识产权、科技、工信等有关部门的大力支持下，辽宁省知识产权研究院按照多元化投资、市场化运行、现代化管理的运营模式注册法人实体，成立新型研发机构。依托技术专家队伍、产业化经验，以全球知识产权大数据为枢纽，开发知识产权大数据应用系统，设计多款成熟产品，已经成为地方政府、科研院所、科技企业等科技项目主管部门的重要管理工具，大大提高了科学管理水平和效率，得到了市场的广泛认可。在社会大趋势的鼓励下，易玉带领辽宁省知识产权研究院，联合沈阳航空产业集团共同筹划建设集展示、咨询、服务、培训、路演、孵化等功能于一体的"沈阳市重点产业知识产权运营服务中心"，聚焦沈阳市传统产业及战略性新兴产业，打造全国领先的产业知识产权运营基础设施，以建设产业知识产权数据智库为枢纽，开发国家专利技术（沈阳）交易展示平台。深化知识产权运营服务领域改革创新，以数据要素驱动重点产业知识产权的资本化和产业化，打造驱动产业创新发展的强大引擎，全链条强化知识产权要素，努力建设成为"立足沈阳、服务全国、辐射东北亚"的国家级产业知识产权运营服务枢纽平台。力争通过两年时间，基本建成知识产权要素齐全、高技术产业创新生态健全，实现"技术、资本、人才、政策、机构"一体化融合发展的国家级产业知识产权运营平台，成为引领东北区域产业创新发展的重要智库力量。建设要素精准对接、智能匹配的知识产权要素市场，围绕重点产业领域形成若干细分领域专利池、专利组合运营资产，许可、交易、转让的专利运营业态活跃，培育一批重点产业高价值专利项目、引进一批高端知识产权服务机构品牌、投资一批拥有核心专利技术的高端人才创业项目、孵化一批具有核心专利竞争力的高新技术企业。

正如习近平总书记在中央政治局第二十五次集体学习时所强调的，知识产权保护工作关系国家治理体系和治理能力现代化，关系高质量发展，关系人民生活幸福，关系国家对外开放大局，关系国家安全。全面建设社会主义现代化国家，必须从国家战略高度和进入新发展阶段要求出发，全面加强知识产权保护工作，促进建设现代化经济体系，激发全社会创新活力，推动构建新发展格局。辽宁省知识产权研究院将在易玉委员的带领下始终坚持以最前沿的知识产权理论研究成果运用到知识产权人才培养中，为辽宁省培养高端知识产权管理人才；为创新主体在研发过程的各个阶段中，全面检索待研发产品或技术，重点了解竞争对手的专利信息及竞争情报信息，为立项提供客观依据；探索知识产权证券化机制，对专利价值进行有效评估，为创新主体进行专利投资、转让、许可使用、质押等资产运营行为提供参考，实现专利资本化和市场化，促进专利的有效运用；自有创投资本孵化高价值技术项目，促进科技与金融的结合。建立重点产业知识产权联盟、打造顶尖人才智库、参与编制行业标准、完善协同发展机制，为知识产权转移转化提供全链条的服务保障。

思考题

你认为知识产权制度对企业创新行为有哪些影响？你认为我国当前关键技术被"卡脖子"与我国知识产权制度有哪些关联？

三 营商环境提升——构建商业诚信、重塑市场规则

【**知识点**】商业诚信、互利共赢是我国传统的商业伦理和商业文

化，早在两千年前孔子就提出"己所不欲，勿施于人"的朴素伦理思想，在长期商业活动中，中国积累了丰富而深刻的商业伦理并构建了具有中国特色的商业文化，如我国流传久远的商业谚语"仁中取利真君子，义内求财大丈夫""利从诚中出，誉从信中来"等，这些平实的谚语体现出我国商业中朴素的诚信文化。清代徽商舒遵刚经商之余喜欢读儒家典籍，善于把书中义理运用于经商，他说："生财有大道，以义为利，不以利为利，国且如此，况身家乎？"我国传统的商业伦理和商业文化需要继承、传承和发扬。对于现代商业中不诚信、不道德的自私的商业行为，我们应该坚决抵制。对于经管类学生，通过引入案例等树立学生正确的商业价值观和商业伦理观，强调商业活动中的诚信理念、合作共赢理念和商业底线思维。

案例五：以"事"凝心聚识 以"实"讲好故事

〖**思政课程结合**〗市场机制是企业商业运营应该遵守的基本规则，自由交易、打破垄断、平等竞争、诚信经营是市场机制的基础。从微观层面看，公平的市场机制是企业平等竞争的平台，通过公平竞争、优胜劣汰实现企业竞争力提升，激励企业不断改革创新和发展壮大。从宏观层面说，市场机制有利于社会资源的优化配置，降低企业组织间的交易成本，改善消费者福利，促进本地企业发展壮大和经济繁荣。对于经济、管理等相关专业学生，可结合专业知识，让学生深刻领会在现实经济发展中，遵守市场机制与规则对企业、区域发展的重要作用，引导学生树立正确的市场竞争观。同时，要认识到在企业发展中党的精神对于企业发展的正确引导，企业规则中也要讲党性，避免片面的市场竞争中的"丛林法则"，坚持人民利益、国家利益是企业发展之本的理念。

　　每个企业扎根辽沈大地的成长历程，都是"沈阳故事"生动鲜活的注脚，沈阳安泰旅游汽车有限责任公司和沈阳萃华珠宝贸易有限公司就是根植于沈阳的企业发展的典型案例，以"事"凝心聚识，以"实"协商成事。在位于龙之梦大厦的沈阳安泰旅游汽车有限责任公司办公区参观时，"不忘初心，跟党走"是企业负责人在讲解中屡次强调的话。凭借党建引领、党建铸魂，安泰打造了一支凝聚力极强的党员职工队伍，公司的10辆营运车辆被大东区委组织部授予"共产党员号"称号、1辆营运车辆被授予"共产党员先锋号"称号，"红色大巴"在众多营运车辆中脱颖而出。党旗领航，上下齐心；红色传承，破浪前行。安泰被客户称为值得信赖的伙伴，成为全国旅游包车行业的典范，2017年被沈阳市委组织部授予"非公有制经济组织党建示范企业"称号，2018年荣获"辽宁省非公有制经济组织党建工作示范点"荣誉称号。

　　百年老店萃华也用自己的方式讲述着"沈阳故事"。1895年，创始人关锡龄先生在奉天城内辟祖遗产开设金店，名为"萃华新首饰楼"。创立至今,萃华金店的招牌已在沈阳城坚挺了126年。百年沧桑,萃华的发展史成为近代中国珠宝史的缩影,凝聚成一座"沈阳萃华历史文化博物馆"。百年老店在时光旋流中跌宕起伏,不断厚积薄发、涅槃前行。2006年9月,萃华被商务部首批认定为"中华老字号";2009年萃华珠宝进驻深圳,揭开在全国开拓商业版图的大幕;2014年11月,萃华珠宝在深交所A股上市,成为珠宝界的巨人。百年老店为"沈阳故事"抹上了一笔亮眼的金色。

企业的难点、群众的痛点,就是营商环境的断点。"因缺少停车场地,换装新能源客车的计划不得不推迟";"因缺少互联网平台赋能,客流资源不能充分整合",针对安泰旅游汽车有限责任公司的困境,大东区政府现场协调,提出了开发智慧拼车助手的建议。针对萃华珠宝贸易有限公司相关负责人就中街升级改造提出的想法和意见,政府部门认真记录、形成提案和社情民意并加以推进,切实践行一招一策协商于民、协商为民。

政府有关职能部门应针对企业发展过程中的痛点、难点问题,在深化放管服改革、加强法制建设和减轻企业成本负担方面持续发力,全力打造办事便利、法治良好、成本竞争力强和生态宜居的营商环境。应尊重商业发展规律,发展商业设施时,应充分考虑辐射半径、居民购买力和不同年龄段消费习惯。在中街步行街改造上,应合理规划商业步行街长度和特色业态,把定位消费群体(目标客户群)做在前面,先搞清楚吸引什么人,再确定发展什么业态、招引什么项目。

思考题

西方资本主义市场经济与我国社会主义市场经济有什么本质区别？西方经济学中提出的"理性人"与"企业的目标是追求利益最大化"的两个假设在社会主义市场经济中是否适用？如何既发挥市场机制的效率又保障社会主义的共同富裕的宗旨和目标？

四　法治环境——营商环境的基石

【知识点】2018 年 8 月 24 日，习近平总书记在中央全面依法治国委员会第一次会议上的讲话中提出依法治国的新理念和新战略，牢固树立法治观念，坚定走中国特色社会主义法治道路的理想和信念，为我国依法治国、构建法治社会提供了基石。市域治理是国家治理在市域范围的具体实施，是新时代社会治理的新模式，是国家治理的重要基石。市域社会治理现代化是国家治理体系和治理能力现代化的重要内涵和重要体现。同时，法治也是经济活动中所有主体应该遵守的最低底线。在经济发展中，法治是经济规则发挥的保障，法治的破坏增加了经济活动中的运行成本，损害了正规企业的合法权益。为了加快法治进程，健全法治体系，2014 年出台的《中共沈阳市委关于深入贯彻党的十八届四中全会精神全面推进依法治市工作的实施意见》提出，更深入地推进法治社会建设、加强法治政府建设，打造和谐文明的城市社会环境。依宪施政、依法行政，完善城市治理体系和提高现代化治理能力。完善执法程序，加强综合执法工作，明确行政执法责任，用法治保障政府工作的有效实施。完善依法行政体制，打造执法严明、公平正义、监督到位、诚信公开的法治政府，全面提高市政府工作法治水平、法治标准。科学立法、严格执法、公正司法、全民守法，多角度完善沈阳市市域范围内治理，加强全市区域范围内社会治理的法治化、规范化、智能化水平。

案例六：弘扬法治精神 绘就生动新沈阳

〖**思政课程结合**〗法治精神是支撑一个城市永续发展的重要力量，法律精神的传承让城市更具魅力，让经济更有活力，法律建设与经济发展犹如组成铁道的左右两轨，法律与经济的共同发展才能促进社会和谐与发展。法治建设程度决定着一座城市的未来能走多远，因为一个和谐、文明、有活力的城市也必然是一个法制健全、公民法律素质高的城市。沈阳就是这样一座城市，不仅是有着悠久历史文化底蕴的"盛京"，更是有着良好的法律制度建设、拥有 6000 多位律师的"全国文明城市"，法律的规范和自由在这里相辅相成、并行不悖地不断向前发展，而法治建设在沈阳发展中的作用愈加凸显。

2021 年，《中华人民共和国民法典》（以下简称《民法典》）正式施行，这一部固根本、稳预期、利长远的法律，对推进全面依法治国、推动国家治理体系和治理能力现代化、更好保障人民权益具有重大意义。在沈阳市委市政府的全面领导下，在沈阳市司法局的全力号召和谋划下，迅速在全市形成学习宣传民法典的浓厚氛围和强大合力。

北京盈科（沈阳）律师事务所（以下简称盈科沈阳）在全所范围内组织成立了"盈科观'典'"《民法典》律师宣讲团，号召所内律师积极报名参与。通过层层推荐选拔，遴选出优秀骨干律师担任讲师。律所领导要求宣讲团律师要定期研讨精心准备的系列普法课件，内容以贴近民生为主，语言通俗化，形式大众化，真正做到讲好民法故事，传播民法知识，推动《民法典》入耳入脑入心、见行见效，形成全社会学法、懂法、守法、用法的良好氛围。

截至 2021 年，盈科沈阳已经开展 120 余场宣讲活动，活动效果得到如潮好评，宣讲团积极创新方式方法，结合线上线下平台，在街道、社区、企业、机关、乡村、校园及军营开展精准普法，以喜闻乐见的形式加深广大市民对法律的理解，使人们认识到法律既是保护自身权益的有力"武器"，也是全体社会成员都必须遵循的规范。盈科沈阳《民法典》宣讲团的联动行动取得了良好成效，不仅夯实了法治沈阳建设的群众基础、社会基础和法治基础，有助于优化城市的营商环境建设，更是用实际行动推动着沈阳依法治市迈入新的发展阶段。

面对突如其来的新冠疫情，盈科沈阳第一时间做出反应，向全体党员发布了《迎难而上，党员先上——致盈科沈阳党委全体党员的倡议书》，鼓励全体党员用坚定的政治立场和信心来应对；组织全所向沈阳的 30 余个社区、交警大队及福利院等捐赠防疫物资，并鼓励所内律师积极投身志愿者的行列；成立"盈科辽宁区疫情防控百名律师公益服务团"，带领全所律师发挥律师职能作用，公益提供法律服务。面对疫情，盈科沈阳全所人员上下齐心，发挥着法律人的专业优势和社会价值，凸显法律的可靠力量，发扬着祖国年轻一代不骄不馁、无畏困难的精神，得到各级政府与企业的重点关注和肯定。

打造经济发展新引擎，让法律为城市赋能。盈科沈阳始终坚信法治建设是一个时代文明程度的重要象征，在习近平法治思想的指引下，律所和律师有责任以行动推动形成良好的法治氛围和营商环境，助力打造更生动的、可持续的企业经济发展"引擎"，为沈阳摘得更多发展成果，让法律成为振兴东北的重要保障力量。

思考题

请思考法治建设在营商环境优化中的地位和作用是什么。

案例七：推进依法治市　为打造一流营商环境提供法治保障

〖 **思政课程结合** 〗坚持法治社会和底线思维教育，在教学中引入相关案例，引导学生树立法治意识，认识在经济发展和营商环境打造中法治的重要性。教育学生知法、学法、守法，培养学生做未来合格的社会主义建设者。在课程思政中引入法治元素，将法治建设与沈阳营商环境打造、东北老工业基地的二次振兴等现实社会问题联系起来，引导学生对本地问题、现实问题和真实问题进行关注。

优化营商环境，讲好沈阳振兴发展故事，发现沈阳之美、见证沈阳之变、感受沈阳之好。2020年9月27日，围绕讲好"沈阳故事"、展示良好发展预期主题，助力沈阳市依法治市和营商环境保障相关工作，沈阳市政协社会和法制委员会召开"依法治市，为打造一流营商环境提供法治保障"再协商会议。

再协商，就是指对本届政协向市政府提交的、需要跨年度或更长时间才能得到落实的提案、建议所开展的一种跟踪督办协商形式。2019年，沈阳市政协开展了"推进依法治市，为打造一流营商环境提供法治保障"专题协商调研工作，向政府提出了建议。到2021年，营商环境建设依然是沈阳市委、市政府最重要的工作内容之一。再协商会议，就是要聚焦"提"与"落"的过程，按照"协商—实践—再协商"的形式，解决营商环境问题与群众美好生活诉求之间的矛盾，达到协商为民、建言利政的目的，有效推动协商成果落地转化。多名政协委员先后发言，针对优化营商环境问题，围绕立法工作、法治政府建设、专项整治、法治宣传及培训、完善公共法律服务体系、强化知识产权保护措施等方面建言献策。

2019年以来，沈阳市政府及相关部门对政协提出的关于"推进依法治市，为打造一流营商环境提供法治保障"的协商成果给予了高度重视，取得了阶段性的成果。但同时，我们也要清醒地看到，当前沈阳的营商环境还面临诸多困难和问题，也更深切地体会到责任之重大、推进之紧迫、发展之必要，对此提出以下建议：一是建议在工作思路上要有新突破；二是建议在工作内容上要有新思路；三是建议在工作方式上要有再创新；四是建议在工作目标上要有新提升。通过再协商活动，协调各方、交换意见、集思广益，让我们的意见、建议更具操作性和针对性，更好地促进政策落地、难题解决和民生改善。希望政府相关部门继续保持蓬勃向上的工作干劲，持续发力，不断推进营商环境建设取得阶段性、突破性成果。

思考题

为什么说法治是营商环境打造的重要手段与底线？如果你毕业后成为一名法制工作者，你将如何利用法治手段为营商环境构建添砖加瓦？

案例八：不断创新，与时俱进　打造营商环境新高地

〖**思政课程结合**〗 营商环境就像一把尺子，能够反映一个地区的政治生态和社会生态，检验政府的行政效能和工作作风。营商环境更是一个地区发展潜力的重要体现，沈阳市政府从简化办事流程、政策出台、深化"放管服"改革等几方面对市营商环境进行了整顿。相信随着当地营商环境的不断改善，沈阳经济一定会更好、更快地发展。

优化营商环境不只是"营商"这么简单，它更关乎服务市场主体和群众的每个环节、每个链条。一次高效便捷的流程、一次公平公正的办事、一次优质到位的服务、一次及时有力的帮助，对企业和群众来说，从中获得的真切感受胜过千言万语。作为一名政协委员，我曾经主导过区域招商引资和项目服务工作，对沈阳营商环境的日益改善有着深刻的感受和切身的体会。

服务能力怎样提升？高质量发展如何实现？营商环境如何改善优化？辽宁省委书记张国清多次强调，好的营商环境，就是四句话：办事方便、法治良好、成本竞争力强、生态宜居。近年来，沈阳市把优化营商环境摆在突出位置，列入重要日程，全面推动政府职能转变，实施"放管服"改革，不断推进优化营商环境，充分激发了市场活力和社会创造力。

1. **聚焦"便利化",办事"不求人"**。以往企业在办理许可证照的时候,都是托关系、找门路,希望办得顺利些。如今,沈阳在招商引资过程中实施全链条、全生命周期的优质服务,有专人专班负责帮办服务,办事大厅"一网通办",简化审批手续,实行容缺办理、审核合一,做到现场受理、当场办结。2020 年,招商落地在沈阳的几十家亿元项目企业负责人纷纷感叹,沈阳营商环境变化很大,流程简洁,办理时限缩短。2021 年上半年,仅沈河区就新增市场主体 8758 户,其中企业 2879 户,同比增长 19.66%。

2. **政策"很给力",法治"有保障"**。沈阳市公安局从提升服务质效、提高执法水平、维护市场秩序和解决民生问题四个方面推出了 20 项新举措;沈阳市检察院为给企业营造既规范又宽松的法治环境,出台了《"助防控、保稳定、促发展"工作意见》《办理涉及民营企业刑事案件指引》等一系列文件;沈阳市中级人民法院本着聚焦突出问题、坚持法治原则的精神,出台了《关于加强法治化营商环境建设的实施方案》。这些行动为企解忧、助企纾困,切实增强了企业家及员工的安全感,有效地提升了企业在沈阳投资兴业的信心。

3. **深化"放管服",打通"堵痛难"**。"你说的话我认真听,你讲的事我马上办"不只是一句口号。沈阳市实施的常态化"万人进万企"和"项目管家"服务方式,及时、有效地帮助企业解决了产业链、融资、基础设施配套、涉法涉诉、项目建设等问题。《沈阳市人民政府关于进一步降低企业成本减轻企业负担的若干意见》《沈阳市优化营商环境 85 条政策措施》相继出台，特别是沈阳市在不断推进"减事项、减环节、减时间、减次数"改革中，累计取消下放调整政务服务事项 1773 项，进一步营造了"亲商、安商、富商"的浓厚氛围。全市依申请类政务服务事项平均办理时限压缩 73.8%，企业开办时限压缩到 0.5 个工作日以内。上述改革大大降低了企业成本，仅 2020 年上半年，沈河区就完成亿元签约项目 149 个（全年任务 135 个），完成全年计划的 110.3%；完成亿元落地项目 47 个（全年任务 65 个），完成全年计划的 72.3%。沈阳市已连续两年成为东北地区的全国营商环境标杆城市。沈阳市在办理建筑许可、招标投标、保护中小投资者、知识产权创造保护和运用、执行合同、办理破产 6 个指标上成为本指标领域内的标杆，相关改革经验和典型做法供全国借鉴或复制推广。

　　4. 敢于"动真格"，生态"大改善"。优美宜居的生态环境就是最好的营商环境，要让越来越多的"生态红利"转化为营商环境的吸引力。近年来，沈阳市用坚定的信心和坚决的行动，市区两级、上下一心，不断加大投入，持续推进污染攻坚，大力推进绿色发展。据了解，2020 年，沈阳市空气质量优良天数达标率为 78.2%，较 2015 年提升 21 个百分点；12 条建成区黑臭水体完成治理，全市 17 个省考以上断面实现全部达标。《沈阳市国民经济和社会发展第十四个五年规划和二〇三五年远景目标纲要》提出，实施大气、水和土壤污染防治攻坚，实施生态保护与修复，推动绿色发展、循环发展和低碳发展。我们有信心打造青山、碧水、蓝天、净土的高品质生活环境，为建设国家中心城市提供生态环境的必要支撑。

人人都是营商环境，人人都代表沈阳形象。优化营商环境，从我做起，从我们每个人做起，从每一项工作做起，就能汇聚成推动沈阳新时代振兴发展的宏伟场景。

思考题

从城市经济生态系统的角度，你认为营商环境的优化与区域增长之间有什么关联？从区域经济生态系统角度如何理解中国共产党"全心全意为人民服务"的根本宗旨？

第二章

讲好沈阳故事

——大国重器、历史担当与新时期历史责任

【知识点】

　　沈阳市是我国重要的老工业城市,在中华人民共和国成立后我国工业体系建设与经济发展中发挥着不可替代的作用。沈阳市铁西区曾经被称为"东方鲁尔",汇聚了沈阳机床、沈阳重工、沈飞集团等众多我国工业领域的骨干企业,在我国经济产业安全、国家安全等领域发挥了重要的作用,在我国社会主义经济建设中也发挥了不可替代的作用。20世纪50—80年代,沈阳市向全国无偿输送了大量的原料物资、知识技术与人才,体现了沈阳市作为老工业城市的历史责任与担当。虽然沈阳市在经济发展的大潮中面临各种挑战,但老工业基地的责任与担当精神仍在延续。沈阳市作为中国航空工业的发祥地之一,拥有覆盖飞机整机及民用飞机大部件、航空发动机、航天发动机、燃气轮机等领域的完整的航空全产业链条。同时,拥有沈阳航空航天大学、沈飞六〇一所等科研院所,科研氛围浓厚,为未来的发展奠定了良好基础。同时,沈阳市是特高压、大容量、直流输电产品的重要研发基地,全面掌握火电、水电、核电产品核心技术,拥有全国变压器行业唯一国家工程实验室，为国家高水平科技自立自强、产业链供应链安全可控提供保障。

在高校人才培养中，特别是在对辽宁省内大学生的教育培养中，应加强对于城市历史和城市精神的教育与传承。传承是最好的纪念，践行是最有力的传承，要注重人才培养中的思政元素和文化元素的融入与传承，将老工业基地的奉献与担当精神传承下去，将"雷锋精神""劳模精神""敢闯敢拼"的精神在辽沈大地传承发扬，激励年轻一代在新时代东北老工业基地振兴中有更大的担当和作为。

一　大国重器——沈阳工业历史辉煌

〖**思政课程结合**〗 中华人民共和国成立之初，我国面临工业产业一片空白的困境，沈阳市作为当时我国东北地区最重要的老工业城市之一，拥有深厚的工业基础和完善的工业基础体系，在当时起到重要作用，承担了历史使命，在我国现代工业体系建立、工业经济安全、军事安全等方面起到不可替代的作用。铁西区曾经聚集着千余家工业企业，被称为中国制造之都，沈飞集团、黎明发动机厂、沈阳重工集团等直到现在仍然在我国军工、装备制造等领域肩负不可替代的历史使命。同时，在最初的工业建设中，沈阳市承担了一个老工业城市应有的担当，在三线建设中，沈阳市向三线地区无偿输送大量的资源、技术和人才，支撑了全国工业基础的建立。在高校的各专业教学中，应该继续讲解、传授沈阳市曾经的工业辉煌历史，以及奉献与担当，将东北老工业基地的脚踏实地、无私奉献的精神传承下去，并将其作为沈阳市重要的文化资产。作为沈阳人，要讲好沈阳故事，扩大沈阳城市的影响力和美誉度，为沈阳市新历史时期的老工业基地振兴创造良好的舆论环境，并在毕业后投身到东北老工业基地振兴和复兴之中。

案例一：辽沈大地孕育出的工业桂冠——"中国歼击机摇篮"

〖**思政课程结合**〗 诞生 70 多年来，沈阳飞机工业集团（以下简称沈飞）在党中央的坚强领导下，一路风雨兼程，为我国在航空武器装备制造领域取得了一个又一个重大突破，为我国铸就了坚不可摧的海天钢铁长城。如今，沈飞初心不改，继续钻研技术、增强实力、扩大规模，以饱满的斗志为中国航空事业续写新篇章。在高校教育中，要引导学生了解沈阳工业、军工等产业的发展历史与现实，树立本地学生的荣誉感和自豪感，并激发相关学科学生树立技术报国的热情和信心，培养学生的责任感和使命感。

中华人民共和国成立后，沈阳成为以装备制造业为主的重工业基地，被誉为"共和国长子"。提到沈阳的工业制造企业，被誉为"中国歼击机摇篮"的沈飞在我国军工制造历史上写下了浓墨重彩的一笔。1951 年 4 月 17 日，新中国航空工业在沈阳诞生，6 月 29 日，航空工业沈飞（原国营 112 厂）正式诞生，开启了波澜壮阔的航空报国征程。

70多年来，党和国家领导人多次亲临沈飞视察，对公司的发展给予了高度重视和亲切关怀。

70余年风雨兼程、初心如一，沈飞研制生产了40多个型号、8000多架飞机，从一代到四代，从陆基到海基，填补了一系列国防建设的空白，诞生了一个又一个全国第一。特别是研制生产的我国第一代舰载机歼15飞机，使我国航空武器装备实现了陆基到海基的重大突破；研制生产的国产四代战斗机"鹘鹰"飞机，使我国成为世界上第二个能够同时研制两款四代战斗机的国家。

70多年来，在党中央的坚强领导下，在航空工业的战略指引下，在辽沈大地这片沃土上，沈飞用勤劳与智慧，托举起祖国歼击机事业的"半壁江山"，铸就了坚不可摧的海天钢铁长城。如今，伴随着沈阳市的发展，沈飞已经发展成为以航空产品制造为核心主业，集科研、生产、试验、试飞、服务保障为一体的大型现代化飞机制造企业，在国防武器装备建设领域取得了令人瞩目的成就，谱写了辉煌篇章。

沈飞依托航空主业发展优势，积极融入世界航空产业链和区域发展经济圈，迈出了企业发展的新步伐，展示了沈飞的品牌影响力和价值创造力。公司经营业绩和规模不断扩大，主要经济指标保持稳定增长，企业整体实力不断增强，为我国国防建设和地方经济发展做出了突出贡献。公司先后荣获"全国模范劳动关系和谐企业""中国企业信息化500强""全国质量效益型先进企业""全国文明单位""中国质量鼎""中国工业大奖""高新技术企业"等荣誉称号。

沈飞落实航空工业集团要求，释放一般产能，加大辽沈地区供应商培育，巩固辽沈航空产业链传统优势，与供应商共同成长，增强区域竞争优势。作为"共和国长子"，沈阳在我国工业发展上做出了突出贡献，构建了完备的航空工业体系。沈飞在自身发展的同时，注重与产业链相关单位的合作，共同成长，巩固和发展整体竞争优势，使航空产业成为辽沈地区的强势产业。

在新的历史交汇期，航空工业沈飞将坚持以习近平新时代中国特色社会主义思想为指引，在航空工业"一心、两融、三力、五化"发展战略引领下，始终铭记航空救国来时路，砥砺航空报国鸿鹄志，奋进航空强国新征程，以型号研制和改革发展新成绩，回报党的信任和人民期待，续写新中国航空事业的蓝天传奇。

思考题

以沈飞的发展为例，你认为像沈飞这样的军工企业在当前我国面对复杂的国际政治格局的形势下，对保障我国发展的安全环境起到哪些作用？如果你是一个从事航空等相关学科的学生，你将如何将自己融入中华民族的伟大复兴的洪流之中？

案例二：沈阳重型机械厂的故事——共和国工业从这里出发

〖 **思政课程结合** 〗国家产业体系的完整是保障国家经济安全的重要保障，而作为为工业提供设备的装备制造业的技术水平和发展水平，更是支撑国家工业发展的基石。我国近几年面临来自西方国家在技术上的封锁，在一定程度上反映了我国在产业体系安全中存在的现实问题。同时，在学习现代经济理论的同时，我们更要运用我们的知识与判断，对现代的经济理论与经济战略有基于中国利益的批判性认知，并努力从我国利益的角度，讲好中国故事、总结中国经验、传递中国声音，并努力建立符合中国自身利益的经济理论体系，用实践力行习近平总书记提出的"理论自信"。

一个国家重工业发展的规模和技术水平，是体现其国力的重要标志。从政治上来看，发展先进装备制造业、重工业是维护国家安全的前提；从经济逻辑来看，先进装备制造业、重工业可以为农业、重要工业产业等提供装备与技术支持。沈阳重型机械厂，就是一个具有这样重要意义的企业。沈阳重型机械集团有限公司（原沈阳重型机器厂）（以下简称沈重），拥有着非同寻常的历史。它是中华人民共和国成立后建立的第一个重型机械制造厂，被誉为中国机械工业的"摇篮"，是国家机械行业大型骨干企业之一。仰望沈重今天的辉煌，谁会想到就是这样一个创造了共和国无数个第一、填补了国家近百项空白的中国重型工业的"摇篮"，在新中国刚刚成立时，只是一个仅有几十个人、被称为沈阳机械二厂的小厂。走过近百年的悠悠岁月，沈重历经磨难，带着智慧和勇气，创造了令世人瞩目的辉煌。

沈重始建于 1937 年，它的前身是日本住友财团在 1937 年所建的满洲住友金属株式会社。当时只能生产火车轮箍、轮芯、轮架等部件。新中国成立后，尽管设备少、条件差，仅有几间小平房、两座小平炉，但是工人们肩负着建设祖国的伟大重任，每个人身上都有着使不完的劲儿，迅速使工厂恢复了生产。

新中国第一台轧辊直径为 700 毫米的中型出轧机、第一台 25MN 自由锻造水压机、第一台破碎机、第一台 5 吨蒸汽锤、中国最大的 450 立方米烧结机等均刻着"沈重制造"的字样。一重、二重等工厂均延续着沈重的血脉，它的产品遍及全国及海外 30 多个国家与地区。

党的十一届三中全会以后，工厂着力加强企业管理，技术力量越来越雄厚，产品质量不断提高。到 1984 年末，工厂拥有工程技术人员 1354 名，占全厂职工总数的 10.51%。其中，高级工程师 16 名，技师、工程师 745 名，会计师、统计师、经济师等 104 名。12500 吨卧式挤压机 1980 年荣获国家银质奖，PE-600A 复摆颚式破碎机 1984 年获"国家优质产品奖"银牌。30×3200 三辊卷板机、2 吨和 3 吨双臂自由锻锤、1500×5700 管磨机、250/390 和 350/600 筒式钢球磨煤机、水轮机转轮7种产品被机械工业部命名为优质产品。产品不仅畅销全国，而且出口到世界30多个国家和地区，为共和国的装备工业填补了87项空白，为国民经济发展及国防事业做出了重大贡献。

在计划经济向市场经济转型的过程中，沈重却遇到重重危机：机构臃肿、债务沉重、机制不灵活等最困难时，下岗职工6000人，离退休职工6500人、在岗职工7000人，流动资金紧张，生产启动不起来，用户订单无法满足，被称为"三资"企业（一年开工资三次），欠职工工资及集资款高达5000万元，欠银行每年利息高达6000万元。

历史跨入21世纪，鲜活的事实抻直了人们心中对沉重的问号。2002年，是沈重在全国市场一路高奏凯歌的一年。从年初开始各种订单像雪片般飞来：山西河曲电厂5700万元双进双出磨煤机、广西合山1952万元钢球磨煤机、贵州纳雍电厂8500万元双进双出磨煤机、鞍钢5000万元的烧结机等。到当年年底，沈重已接到6亿元订单，实现了历史性的飞跃，当年实现产值超过7亿元。沈重成为沈阳市装备制造业最核心企业之一，为中国装备制造业发展做出了重大贡献。

沈重的这些辉煌业绩得益于他们未雨绸缪、厚积薄发。1987年，沈重就率先成立了外贸处；1994年，沈重进出口公司成立；1998年，沈重的外经处成立；2000年，有独立核算的沈重进出口公司成立。这些相对完善的管理系统，为企业外向经营打下了良好的基础。把进出口公司建成沈重的"特区"，则是沈重走外向经营之路的关键一招。正是按照国际惯例经营，他们走出一条令国内同行羡慕的路子，对外经营中创造了多种招商引资形式，如以友招商、以商招商、主动出击、与外国驻华使馆在商务上建立广泛的联系等。靠沈重进出口公司的高效率运作，1989~1999年，沈重实现出口创汇7000余万美元，2001年更是出口创汇达2000万美元。

2006年12月18日，沈重又一次站在了历史发展的新起点。沈重和沈阳矿山机械（集团）有限责任公司合并重组，组建为沈阳北方重工集团有限公司（以下简称北方重工），主要为隧道掘进、冶金、煤炭、电力、建材、港口、化工、环保等行业提供重大技术装备和服务。新体制极大调动了广大干部群众的积极性和创造性，焕发出了巨大潜能。2007年，北方重工实现了百亿产值的目标，2008年实现产值123亿元。

2009年5月18日，历经70多年的沧桑岁月，老沈重挥手告别旧址，搬迁到沈阳经济技术开发区。政府决策"东搬西建"，对沈重而言是一次不一样的迁徙。老厂区记录了沈重人的辉煌荣誉，记录了企业转型期的艰难困惑，更记录了企业的成长、发展和壮大。在沈重即将从兴华北街8号的地标上消失的时候，曾经奋战在这里的人们，对这里的一切尤为留恋。70余年的历史从这里走过，光影无痕，岁月留印，历史会记住发生在这里的一切。

70余年的历史固然辉煌耀眼，但是固守眼前就不会有灿烂的明天。厂房陈旧、设备老化、面积狭小，超大型的盾构机无法安装，作业环境的种种限制已经严重制约了企业前进的步伐。易地搬迁后，北方重工由老式砖瓦厂房搬到彩钢板现代化工业建筑；由拥挤的作业场地到宽敞的安装现场……这些是企业求之不得的发展机遇。

如今，在沈重铁西原址一角建成了 1905 文化创意园，这里又重新焕发新生。1905 文化创意园不仅成为沈阳工业空间转型文化产业的先行者，同时也以丰富的空间内容和产业运营思路，让一座沉淀了共和国 40 多个第一的工业空间，转变成为沈阳最大的文化创意产业综合体。为沈重原址注入新生命的 1905 文化创意园内部保留了沈重的主体框架，老工业的历史遗迹随处可寻。

2019 年 4 月 30 日，北方重工完成司法重组，辽宁方大集团实业有限公司（以下简称方大集团）正式成为北方重工第一大股东，标志着北方重工进入了一个崭新的历史发展时期。除方大集团外，方大系联手沈阳国资成立混合所有制改革基金——沈阳盛京方大混改投资基金管理中心（有限合伙）入股了北方重工。

沈重作为曾经老工业基地装备企业的杰出代表，承载着太多老沈阳工人阶级的记忆。现如今，几经沉浮后的沈重必将乘着老工业基地振兴的东风，扬帆远航，再传佳讯。

思考题

诸如沈重这样的传统装备企业，其近百年的发展历史见证了我国工业整体发展，并对我国实现工业现代化起到不可替代的作用，你认为这样的企业的发展成长代表了中华民族什么样的民族精神？我们作为肩负实现中华民族伟大复兴历史使命的新一代，应该如何继承、学习和发扬这种精神？

二　涅槃重生——老工业基地城市振兴

【知识点】东北老工业基地曾经在新中国成立后很长一段历史时期内，占据我国工业大半壁江山，在我国工业体系建设和推动我国整体工业发展中占据极其重要的地位，起到不可替代的作用。但是，进入 20 世纪末，在计划经济向市场经济转型过程中，因为经济结构、体制机制等问题，东北老工业基地整体衰落下来，因部分城市产业结构单一，出现了大量的资源枯竭型城市，经济缺乏接续产业的支撑。中共中央、国务院一直关注东北老工业基地振兴，2017 年底，习近平总书记主持中央政治局会议，审议通过了《关于全面振兴东北地区等老工业基地的若干意见》，并在政策、资金等方面提供大力支持。习近平总书记明确提出东北老工业振兴需要依靠创新优化产业结构，改变"工业一柱擎天"的结构单一模式，坚持"凤凰涅槃、腾笼换鸟"，尽快形成多点支撑、多业并举和多元发展的产业发展格局。东北老工业基地应该结合当前及未来产业技术发展方向，依托技术创新实现产业结构调整与升级。在东北地区也涌现了一批创新型企业，依托技术、人才等要素支撑，实现了自身创新与发展。东北地区战略性新兴企业发展也为东北企业振兴树立了榜样，增强了信心。作为在沈阳求学的大学生，应该意识到自己在老工业基地发展振兴中应承担的历史责任和使命，并在未来工作选择上坚持服务地方，投身到东北振兴的历史洪流中。

案例三：东软集团——沈阳本地产学研一体化成功的典范

〖**思政课程结合**〗沈阳市东软集团股份有限公司（以下简称东软集团）的建立与发展是沈阳市本地高校依托专业学科基础与人才优势，通过产学研一体化构建的在东北地区具有典型性的高新技术企业。沈阳拥有众多高校院所，每年培养大量的优秀人才。如何发挥科研院所与优秀人才的内在潜力，将知识、专利实实在在转化为生产力，产学研合作是重要的途径。东软集团的创建与发展也表明，高校教师教学中要注重将理论学习与实践问题相结合，提升学生的创新思维能力与实践能力。在高校理工科专业课教学中，可以将东软集团作为典型案例，鼓励学生学好专业知识技能，树立学以致用、实业报国的志向。

在建设数字经济的过程中，软件的开发与应用是绕不开的一环。目前来看，软件不仅成为信息技术应用基础设施的重要构成部分，而且正在快速改变传统的生产生活方式，包括促进生产方式升级、生产关系变革、产业升级等方面。诞生于沈阳的东软集团一直致力于以软件的创新赋能新生活，推动社会发展。目前，东软已经成为国际高新技术企业，其发展成就令人瞩目。东软集团创立于1991年，是中国第一家上市的软件公司，业务覆盖智慧城市、医疗健康、智能汽车互联以及软件产品与服务领域。目前，东软集团在全球拥有近20000名员工，在中国建立了覆盖60多个城市的研发、销售及服务网络，在美国、日本、欧洲等地设有子公司。东软集团连续四次入选普华永道"全球软件百强企业"，在最新一次排名中再度成为入选该榜单唯一的中国软件企业。

在医疗健康领域，东软集团于1997年成功推出中国第一台具有自主知识产权的CT机并推向市场，此后，一步一个脚印，持续进行技术创新与突破。今天，东软集团的CT机、磁共振设备、数字X线机、彩超机等尖端医疗产品已经遍布美国、意大利、俄罗斯等 110 多个国家和地区，拥有海外客户 9000 余家。

东软集团作为诞生于沈阳本土，走向全国，挺进世界的高新技术企业，发展成就令人瞩目，创新创造振奋人心，为沈阳做好结构调整"三篇大文章"，加快高质量发展做出了积极贡献。东软集团从初创、成长到逐渐壮大的历程，从跟跑、并跑到部分领跑的突破，是值得书写的"发展美篇"，是值得讲好的"沈阳故事"。作为根植于沈阳市的企业代表，东软集团的创立、发展与创新突破为增强沈阳市老工业城市的振兴信心，也成为沈阳市产学研一体化成功的典范。

思考题

通过东软集团的例子，你如何认识产学研一体化？你将如何学以致用、在未来的工作中报效国家？

案例四：赓续辽沈基因　擘画新时代创新蓝图

〖 **思政课程结合** 〗 我们处于一个技术高速发展、产业日新月异的新经济时代，这个时代为当今的大学生提供了更为广阔的舞台和更多元的发展机会。沈阳市作为我国装备制造业基地，"互联网＋"、数字经济等为传统制造业赋能，数字经济发展空间巨大。沈阳新松机器人自动化股份有限公司（以下简称新松集团）的创建与发展，是蒋新松院士等老一辈科学家和曲道奎等这样的中青年骨干共同努力的结果。事业的发展，不仅需要有扎实深厚的专业知识，而且要具有满怀投身报国的家国情怀与永不服输、敢于尝试的信心和勇气。在课程思政中，可将新松集团发展历程作为中国和东北敢闯敢试的不屈精神的代表，曲道奎总裁的故事也可成为激励大学生努力学习、投身报国的鲜活案例。同时，面对突如其来的新冠疫情，新松集团无偿捐赠钱物支援抗疫一线，并在最短时间内研发口罩生产线，彰显了一个民族企业应有的社会责任与担当。

数字经济和智能制造是当今经济发展的新趋势，机器人产业是数字经济时代的"新基建"和智能制造的重要依托，已经成为经济发展新的制高点。沈阳是中国机器人的"摇篮"，它继承了"共和国工业长子"的血脉，又开创了中国机器人的新纪元。以新松集团为代表的沈阳机器人企业开拓创新、勇担使命，为中国制造转型升级做出了重要贡献。

沈阳，曾以众多"共和国第一"的辉煌成就登上近现代中国工业之巅，而今又在老工业基地振兴的伟大征程中重塑基因、续写辉煌。30多年前，新松集团现任总裁曲道奎还是一个朝气蓬勃的年轻人，师从中国机器人之父蒋新松院士，当时在蒋老和前辈们的积极推动下，机器人被列入国家"863 计划"，为中国机器人铺就了一条成长之路。在新松集团成立之初，国内机器人产业尚处萌芽期，没有路线和经验可以借鉴，只有依靠自己创造出一条新路。

为了学习西方国家在机器人领域的新技术，曲道奎于 20 世纪 90 年代到欧洲求学，在欧洲求学的经历让他"开眼看世界"，当见识到世界顶级工厂的生产线上，一列列机器人龙腾虎跃，曲道奎坚信这才是未来中国工业应有的样子。在学成之后，曲道奎面临在国外工作与回国的选择，国外工作机会待遇优厚，生活条件优越，但是他满心怀着对祖国的深深热爱和对推动祖国机器人产业发展的信念，毅然放弃在德国的优厚待遇回到沈阳，在一间不大的机器人实验室里开始了自己的机器人梦。

曲道奎在实验室中潜心钻研。沐浴着鼓励科技人员"下海"创业的政策春风，新松集团于 2000 年 4 月 30 日注册成立。沈阳不仅是中国机器人的"摇篮"，也是新松集团创业的根据地和发展壮大的大本营。新松集团扎根沈阳，凭着"产业报国、科技报国"的信念，历经市场摔打磨炼，在与国外老牌龙头企业抗衡中成长壮大，一次次打破垄断、填补空白，从达成首笔市场订单，到中国机器人首次出口，再到中国机器人"第一股"正式上市……新松集团历经起步、追赶、并肩、领跑，把"不可能"变成"可能"，书写了中国机器人产业的发展史。

沈阳和新松，携手同歌。东北地区正处于振兴发展的关键时期，改造升级"老字号"、深度开发"原字号"、培育壮大"新字号"成为最重要的三篇大文章。新松集团责无旁贷，结合沈阳产业结构转型升级需求，用新技术赋能老产业，同时以沈阳之名投身深中通道、葛洲坝等国家重点工程项目建设，展现沈阳"智造"新高度。

沈阳和新松，闪耀世界。新松集团一次次作为"沈阳名片"亮相国内外重要舞台。在 2018 年韩国平昌冬季奥林匹克运动会闭幕式上，24 台新松机器人与 24 个舞蹈演员以天衣无缝和无懈可击的表演震撼了世界，文化与科技的完美融合向世人展示了中国机器人发展的新高度；2019 年，中华人民共和国成立 70 周年之际，新松机器人与小演奏家在"展翅腾飞"辽宁彩车上携手联弹，一曲中华赞，响彻彩云间，再令世界瞩目。

沈阳和新松，风雨同舟。2020 年，面对突如其来的新冠疫情，新松彰显使命担当，第一时间捐助总计价值 610 万元的系列机器人产品及智能医疗辅助设备，支援沈阳抗疫一线；以强烈的社会责任感，火速响应党和政府要求，最短时间内成功研发平面型及 N95 型口罩生产线，抢工自产口罩，保障复学、复工需求。

新松一路闯关攻坚，跃上世界舞台，这离不开沈阳市委、市政府坚持创新驱动的决心、推动振兴发展的信心、改善营商环境的恒心、升华服务温度的耐心。未来，新松将进一步依托在软、硬件领域的综合优势，助力打造"创新沈阳""智慧沈阳""数字沈阳"。

三 特色满园——特色产品品牌塑造

【知识点】不同地域有不同的发展历史与资源禀赋,形成了各具特色的产业结构和特色产品。产品品牌是区别同类产品的标识,而特色品牌构建有助于打造地区产品的独特形象,特色化品牌也可以改变消费者认知,引导消费者的购买,成为产品与其他地区产品竞争的核心要素之一。同时,特色化的产品品牌与区域文化又有紧密联系,产品品牌有助于提升区域的品牌与影响力,两者相得益彰。沈阳市具有悠久的历史文化积淀,也传承了众多具有地方特色的产品与品牌,要深入挖掘传统特色产品品牌,在新的发展时期创新发展。沈阳市提出了持续做好三篇大文章——做好改造升级"老字号"、深度开发"原字号"、培育壮大"新字号"的战略。在此背景下,深入挖掘沈阳本地具有特色品牌产品,做大做强,对沈阳本地经济的发展具有重要意义。

案例五：打造沈城名店　传承辽菜技艺

〖 **思政课程结合** 〗 美食是中华文化的重要部分，是我国悠久传承的传统文化的集中体现之一，是我国历史文化的重要传承。对于传统地域美食，既要传承，又要在此基础上发扬创新，以促进其更好地满足现代社会饮食需要。传统美食文化的继承、发扬与创新，对于弘扬区域文化、带动区域经济发展具有重要意义。此案例即以地处沈阳市的辽菜为例，向大家展现地方餐饮品牌肩负的社会责任感，以及带动地方旅游发展的重要职责。

"鲜鲫银丝脍，香芹碧涧羹。"从古至今，民以食为天，餐饮行业与千家万户、百姓民生息息相关。2006 年，沈阳大东区善邻路黎明公司北门的一个角落小院里，一家饭店在热烈喜庆的仪式中开业了。饭店一开张便生意火爆，顾客盈门，特别是"大伙房水库胖头鱼""铁锅炖大鹅""满族煎血肠""满一笼包子""自制卤水豆腐"等美食，很多顾客还没有记清店名就熟知菜名了，其中几道菜后来也成为"辽宁名菜"和"辽宁名小吃"，这就是闻名沈阳的王家大院饭店。

这其中，王洪海大师亲自研发制作的脱脂"王家乾蹄"采用三道脱脂工艺，要将猪蹄用秘制中药水浸泡 12 小时以上，再配以太子参、灵芝、何首乌等近 40 味中药用砂锅长时间煲制，才有了餐桌上这酥而不烂的"脱脂猪蹄"。这道菜更是在中国第六届东北美食节中斩获

"东北名小吃""特金奖""东北凉菜王"三项大奖。这些细节与对美食的执着成就了美味，更成就了王家大院。

2014年，王家大院凭着东北民俗土菜领导者的地位被收录到辽菜文化丛书《寻味辽宁》中，从此开启了其快速发展之路。此后，王家大院餐饮集团先后成立王家乾蹄专营店、王家小院、盛京吃客、澳门小馆、王家大院滂江街店等连锁餐饮。王洪海先生并未就此停步骄傲自满，打造东北能吃饭的民俗博物馆是王洪海先生一直以来的梦想。经过多年的策划与选址，王洪海先生终于在2014年末将王家大院即第一家能吃饭的东北民俗博物馆建立在皇姑区北塔街上。王家大院曾获"沈阳特色餐饮名店""沈阳首届豆腐大王""沈阳市十佳特色餐饮""辽宁餐饮代表名店""辽宁省十大餐饮品牌""辽菜非遗传承人传习店"等殊荣。

"作为美食人的终极梦想就是以秉承中华传统民俗文化之蔚然为己任，全力打造与挖掘于民族浓厚悠远的饮食特色，并以厚实和顺的立业性格，坚卓图强的事业理念不断服务于人类和社会。"这就是沈阳市政协委员、中国烹饪协会正餐委员会副主席、中国烹饪协会总厨委副主席、"辽宁五一劳动奖章"获得者王洪海的心声。王洪海先生付出的艰辛和对梦想的执着是别人无法了解的，正是有了这样执着的信念，才让辽菜变得更加精致，味道更加淳朴。

在2021年10月9日首届珍奇辽味——2021东北亚民间美食文化交流周在沈阳开幕，时任辽宁省省长刘宁出席开幕式并宣布开幕。在活动中刘宁省长观看满汉全席菜谱，亲自了解王家大院代表沈阳制作远近闻名的"辽宁十大风味小吃"——"沈阳鸡架"以及"王家乾蹄"，特别对"王家乾蹄"给予了高度赞扬。王洪海先生激动地表示："看到省长对辽菜的重视，真是振奋人心，心里备受激励。"刘宁省长在活动现场说道："我们要深入贯彻习近平总书记关于弘扬中华优秀传统文化的重要论述，加强非物质文化遗产保护、传承和创新，厚植人才基础，培养工匠精神，真正做到传承不守旧、创新不忘本。行行出状元、处处有能人。要统筹好传统和新兴、生产和生活、线上和线下，提振餐饮消费、提升文旅产业、提高服务质量，增品种、提品质、创品牌，着力打造我省服务业发展竞争新优势。"

辽菜的成长得到了如此高度的肯定与赞扬，这激励了辽菜人的心，辽菜作为九大菜系中唯一的国家级非遗项目，历史源远流长，口味雅俗共赏。近年来，中国菜的饮食文化影响力大有风靡全球的势头，这正是行业发展的良好时机，本次活动更是激励了更多年轻人投身辽菜发展事业。当前，沈阳正在按照中央要求，大力发展各地经济，旅游业也蓬勃发展，吃、住、行、娱、购、乐成为旅游业重要载体，其中以吃列首位，可见其重要性，地方餐饮品牌肩负社会责任感，更肩负着带动地方旅游发展的重要职责，期待辽菜更长远明亮的明天。

思考题

你如何理解中国优秀的传统文化？你认为美食是不是中国传统文化的代表？在现代社会中，你认为应该如何传承发展我国的传统美食文化？

案例六：沈阳乡村休闲旅游发展大有可为

〖**思政课程结合**〗 党的二十大报告提出，中国式现代化是全体人民共同富裕的现代化。在中国共产党建党 100 周年之际，党带领中国人民取得了脱贫攻坚的全面胜利，区域性整体贫困问题得到解决。在中国共产党的带领下，我国经济发展和社会主义建设取得了翻天覆地的成就，人民生活水平得到根本改善。新发展时期为农村的发展提供了良好机会，农村拥有在自然环境、旅游资源上的优势，发展乡村旅游是部分具有条件的乡村振兴的新思路。在课程中，应该引导学生通过案例认识到我国取得脱贫攻坚全面胜利的伟大意义。脱贫攻坚战中涌现出的许多生动感人的事例与模范人物是大学课堂中可引入的良好思政素材，增强了思政课程的亲和力和时代性。特别是在乡村振兴的大战略下，要认识到我国农村广阔天地大有可为，激励学生利用自己的专业知识与技能，投身到全面推进乡村振兴的伟大事业中。

推进乡村振兴是打破城乡二元经济结构的重要途径。沈阳市拥有多元的乡村休闲旅游资源，探寻旅游业与农业的深度融合发展是在当今经济新形势下有效解决"三农"问题的新思路，通过发展乡村休闲旅游打造好沈阳农业发展新优势，增加农民收入，缩小城乡差距，有效推进乡村振兴。

浑南区是沈阳市高新技术区，同时也拥有多元的乡村旅游资源，这成为未来浑南区推进乡村振兴、缩小城乡差距的新着力点。乡村休闲旅游是乡村振兴战略实施的路径之一，是丰富完善现代服务业的重要内容，是推进城乡双向开放的重要课题，是壮大县域经济的重要举措。在市区文旅部门有力指导下，浑南区乡村休闲旅游因地制宜，充分借助区位优势，充分利用本地资源，以发展功能农业要素为基础，延长产业链条，发展乡旅、乡创、乡品等新产业、新业态，推动农村一二三产业融合发展、一村一品、寻找乡村振兴新路径。

沈阳市作为区域内重要都市圈，辖13个区县（市），人口900多万，面积1.3万平方公里，乡村休闲旅游拥有巨大市场和广阔空间。浑南区发展乡村休闲旅游产业资源特色突出，"民房变客房、乡村变景区"，探索了不同业态，推出了多样产品，打造了特色品牌，形成了良好开端，对全市乡村休闲旅游发展会起到很好的示范引领和辐射带动作用。当前，沈阳市乡村休闲旅游要走好农旅融合发展之路，强管理，重体验，做成沈阳城市后花园；做全域，连全链，打造沈阳都市新名片。一要制定生态保护规划，优化空间布局，适当完善村容村貌与山水田园景观。二要进行产业规范，规划一定数量的标准化基本农田生态种养示范基地，将经济作物、农作物等逐步发展成为立体农业。三要依托村落村民，根据乡村自然资源、农业生产、农事节庆等，发展农家乐、主题民宿、特色农产品等，并拓展山林休闲、康养旅游等新业态。四要挖掘与弘扬好乡村文化，以当地的人文、非遗和特色产业等资源为乡村休闲旅游植入"文化乡愁"，打造乡村休闲旅游品牌。五要规划乡村集体增收渠道，构建合理的利益分配机制，提高各方面推进乡村休闲旅游发展的动力。六要充分整合乡村休闲旅游资源，发挥特色优势，完善基础设施，推介精品线路，打造精品工程，示范带动，扩线成面，推动乡村休闲旅游全面建设、高质量发展。

乡村休闲旅游是现代文化产业体系的重要组成部分，是扩大优质文化产品供给的重要渠道。习近平总书记指出，要"望得见山、看得见水、记得住乡愁"。我们要立足沈阳新时代振兴，进一步讲好新发展阶段沈阳乡村休闲旅游发展的故事，讲好乡愁故事、拓荒迁徙历史故事、家风家训传承故事、模范人物故事、"一村一品"品牌故事、优势产业发展故事，形成沈阳特色的乡村文化载体和精神寄托，"老乡"回乡，把根留住，把乡村振兴、沈阳振兴的智慧和力量汇聚起来。

思考题

从扎实推进全体人民的共同富裕的角度分析乡村振兴的重要意义。你的家乡是农村还是城市？如果是农村，请结合你对自己家乡的认识，讨论应该如何全面推进乡村振兴。

案例七：难忘的沈阳"老雪"

〖**思政课程结合**〗 一个具有地域性的品牌与地域文化有着不可分割的紧密联系，承载着一个城市的记忆。沈阳市华润雪花啤酒有限公司生产的雪花啤酒——"老雪"，见证了沈阳人民生活的日新月异，"老雪"的品牌承载着沈阳人民经历的故事。但是，随着消费升级，这几年国外啤酒品牌及外地啤酒品牌进入沈阳市场，"老雪"在沈阳市场上的市场占有率不断被蚕食，也说明品牌塑造需要与时俱进，要跟上时代变化与消费者需求升级，不断升级产品和品牌价值，以更好地满足消费者的需要。在经管类相关课程中，可以引入雪花啤酒的案例，引导学生关注沈阳本地品牌和现实经济发展问题，将身边的现实问题与专业知识学习相结合。

雪花啤酒（醇啤）是熟啤酒的一种，俗称"老雪"。在东北，以"老"

字作为前缀的话一般都会透着一股浓烈的亲近感。"老雪"这两个字其实也倾注了沈阳人对于这款酒的感情。几款啤酒从标签上来看都叫雪花啤酒，可以用度数分辨，雪花鲜啤是11%vol、清爽是10%vol、淡爽是9%vol、"老雪"是12%vol。当时沈阳啤酒的标签分别是"沈阳啤酒"（黄牌）、"沈阳啤酒"（绿牌）、"雪花啤酒"，这时的"雪花啤酒"就是"老雪"。

在中国古代，人们就已经能够酿造"醴酒"了，所用的原料、发酵方法甚至酿造时间，与世界公认的苏尔美人所酿啤酒非常相似，与其不同的是"醴酒"糖分较高、酒精含量低、口味太淡、不利于储藏、容易变酸变质。由此可见，中国也是啤酒的重要发源地之一。

现在大众喝的啤酒属于"舶来品"，是在19世纪末随着帝国主义的经济侵略进入我国的。因此，中国的早期啤酒厂大多是由外国人建立的，如1903年，英国、德国资本家合资在青岛开办了英德酿酒有限公司；1912年，捷克人在上海开办了斯堪的纳维亚啤酒厂（上海啤酒厂前身）；沈阳啤酒厂也不例外。

沈阳啤酒厂的前身

沈阳啤酒厂的前身是1934年日本人在奉天筹建的"满洲麦酒株式会社"。据日本《满洲铁西工业概况》记载：满洲麦酒株式会社第一工厂，位于奉天市铁西区兴工街一段十一号，由日本太阳株式会社建立，生产的太阳牌啤酒，主要供应东北和华北的侵华日军；满洲麦酒株式会社第二工厂，由麒麟株式会社建立，位于奉天市铁西区兴工街一段三十二号，生产的麒麟牌啤酒，主要供应奉天市民。两个厂设计生产能力为年产26000吨，主要产品是11%vol啤酒、高浓度啤酒、汽水和副产品维生素乙（酵母片）。开始时员工有200多人，后来增加至900多人。

沈阳啤酒厂的发展

1945年日本投降后，啤酒厂停产。同年9月，由苏军接管，交秋林公司暂时经营。1946年，国民党辽宁省政府把满洲麦酒株式会社第一工厂和第二工厂合并为辽宁省酿造厂，继续生产啤酒，年产量1200余吨，后因管理混乱和战乱，于1947年关闭。1948年11月，沈阳解放，为了满足沈阳市民对啤酒的需要，不久，啤酒厂复工，并更名为沈阳解放啤酒厂，啤酒商标还用麒麟牌。1949年改名为沈阳啤酒厂，继续生产麒麟啤酒，太阳啤酒则改为旭光啤酒。

随后相继创立和生产沈阳鲜啤酒、沈阳甜啤酒、沈阳黑啤酒、红啤酒、星海啤酒、腊梅啤酒、迎春红啤酒、天池啤酒、白鹭鸶啤酒、全麦啤酒等品牌啤酒。

1954年，沈阳啤酒厂建立了我国第一座现代化的大型麦芽车间，设计年生产能力为4200吨。1958年，沈阳啤酒厂在沈阳郊区东陵等地建立八处共375亩①酒花生产基地,经过几年的发展,基地面积扩大,后只保留了小东农场、光辉农场、二台子这三处共940亩生产基地,平均亩产酒花96千克。

沈阳人的独宠——"老雪"

真正的"雪花啤酒"产生于20世纪50年代。1957年,国内知名啤酒专家组研制出一种与众不同的啤酒。当啤酒倒入杯中,其泡沫丰富洁白如雪,口味持久溢香似花,故名"雪花啤酒"。那时候的啤酒是稀罕物,在1973年、1974年左右,只有在春节时每户凭票供应三瓶。这在当时可都是过年时或招待客人时,才舍得喝上一口的稀罕物。

1979年,在国家轻工业部第三届全国评酒会上,雪花啤酒被命名为全国优质酒。之后很长一段时间内,雪花啤酒主要用于出口。直到20世纪80年代后期,雪花啤酒才开始对涉外宾馆和部分重要机构限量特供。

随着雪花啤酒渐渐进入沈阳人的餐桌,"老雪"也有了许多别致的称号,如"大绿棒""忘情水"等,倾注了沈阳人对这款啤酒的深厚感情。良好的市场口碑和不错的经营业绩,吸引了准备进军啤酒行业的华润集团。1994年,华润正式入股沈阳啤酒厂,成立沈阳华润

---

① 1亩=666.67平方米。

雪花啤酒有限公司，成为华润雪花啤酒在中国的第一家啤酒厂。同年，沈阳啤酒厂与日本麒麟啤酒公司签订商标转让合同备忘录。

2008年9月19日，华润雪花啤酒（辽宁）有限公司新厂在沈阳市苏家屯区雪莲街落成。在华润收购的众多啤酒厂中，只有沈阳啤酒厂的"雪花"这个名字没有改，并且在全国的各个华润啤酒厂都使用"雪花"这一品牌，沈阳啤酒厂虽然被华润并购，但它的辉煌历史并不会被抹去。

思考题

在消费者升级的市场背景下，雪花啤酒在沈阳市场上的占有率不断下降，面对诸如龙山泉啤酒在沈阳市场的强势进入，你认为雪花啤酒应该如何做？

四　文脉传承——民国故事与革命之火

【知识点】中华民族千年传承依靠的是生生不息的文脉传承，从中华民族形成之初的"天行健，君子当自强不息""先天下之忧而忧，后天下之乐而乐"等思想不断积淀形成了中国文脉的基础，也是中华民族能够数千年以统一的华夏民族生生不息的根源。在近代，清末朝廷腐败、制度落后导致中国沦为半殖民地半封建社会，中国百姓受到来自国内外势力的双重压迫，生活在水深火热之中。来自国外资本主义侵略者与国内昏庸统治者的双重压迫，迫使无数的中国有志青年用自己的鲜血与生命探寻中国发展的道路。1912 年推翻清政府后，我国处于军阀割据的混乱时期，爱国的仁人志士都在为寻求中国新发展道路而不懈努力，绘制了一幅波澜壮阔的历史画面。历史不能够被遗忘，历史要通过多元方式传承。沈阳作为当年九一八事变发生地，产生了众多可歌可泣的革命事件和需要被传颂的红色人物，我们需要对沈阳现有的红色革命要素进行梳理整合并发扬光大。在相关课程讲授中，要将革命史、党史、英雄人物等红色因素渗透到日常教学之中，引导学生传承红色基因、赓续精神血脉。

案例八：红色回响——辽沈地区中国民主建国会创建人巩天民红色纪实

〖**思政课程结合**〗 中国民主建国会沈阳市委员会和民建辽宁省工作委员会的创建人巩天民不仅在抗日战争期间多次贡献自己的力量，在新中国成立之初也做了很多卓有成效的工作，他经历了从抗日战争到新中国成立的全过程，在那段跌宕起伏的岁月中，他用一腔热血书写了一部红色的传奇。他为国家的独立和发展奉献了全部，他是值得我们铭记的民族英雄。不同时代的年轻人的使命与担当，年轻一代大学生要树立正确的价值观，认识到中华民族伟大复兴的事业需要我们一代一代人的不懈努力奋斗。加强大学生使命感教育，让学生从革命先烈的故事中，认识到自身责任感和使命感，继承发扬革命老一辈的革命信念和革命理想，为中华民族的伟大复兴贡献自己的一份力量，不辱使命，不负韶华。

"正其谊不谋其利，明其道不计其功。"这是东北地区第一个民建地方组织——中国民主建国会沈阳市委员会和民建辽宁省工作委员会的创建人巩天民的座右铭。出生于20世纪初的他，经历了从抗日战争到新中国成立的全过程，在那段跌宕起伏的岁月中，他用一腔热血书写了一部红色的传奇。

1931年九一八事变后，作为爱国金融家的巩天民，联合5家钱庄老板在沈阳成立志城银行，取"众志成城"之意，坚决抵制日本侵略者的渗透。与此同时，巩天民等暗中搜集日本侵华证据，编撰成《真相》提交国联调查团，揭开九一八事变内幕，向国人乃至世界昭告真相。

1938年，巩天民利用银行总经理身份，建立地下情报工作站，成立党的外围组织"觉社"，从事收集敌伪的军事、经济情报工作，并在1941年秋向中共中央提供日军进攻路线的准确情报，有力地支持了莫斯科保卫战，为二战胜利作出了卓越贡献。解放战争时期，巩天民所在的志城银行成为中共设在沈阳的侦察国民党动向的"哨所"。在日本侵略者和国民党面前，曾经两度入狱的巩天民展现了一名革命者坚贞不屈的革命精神和高超的斗争艺术。

新中国成立初期，巩天民带领志城银行投入人民怀抱并暂代国家银行部分职能，为维护地区金融的稳定与发展做出了突出贡献。1956年，巩天民担任辽宁省副省长，分管交通和银行等方面工作。在抗美援朝运动中，巩天民积极号召并带领工商界参加捐献飞机、大炮，购买公债等爱国行动，他积极拥护"三反""五反"斗争，教育工商界爱国守法。在资本主义工商业社会主义改造中，他拥护党的政策，并做了大量卓有成效的工作。1949年，巩天民参加了全国政治协商会议，从此他参与了中国共产党的统一战线工作，领导东北地区会员，筹建民建组织，对贯彻执行党的统一战线政策发挥了巨大作用。

从"银号"伙计到"杰出的统战工作者"，巩天民的一生是那一代人为实现中华民族伟大复兴而奋斗的缩影。他为实现国家独立与发展奉献了毕生的才华智慧，他是值得后人铭记的民族精英。

思考题

你认为在当前我们的历史使命和责任是什么？我们如何做到不负韶华，不辱历史使命？

案例九：沈阳造币厂——我国造币文化的见证者与传承者

〖**思政课程结合**〗 沈阳造币厂的发展史是东北地区乃至中国现代工业发展的缩影，具有深入挖掘和宣传的价值，造币的历史也与特定历史事件、历史人物密切相关，对中小学生和游客具有爱国教育、科技科普的价值。沈阳造币厂（以下简称沈币）于 1953 年设计生产出我国第一套硬币，并于 1955 年开始生产流通的"壹分硬币"，在我国当时的经济发展中发挥了重要作用；1972 年，华罗庚提出的"双法"（优选法和统筹法）首先在沈币实验，促进了压印机效率的明显提高；1977 年，沈币的合金材料在洲际导弹发射实验中发挥了重要作用。沈币在造币领域积累了较高的技术水平，真正彰显和践行了"工匠精神"，它也是最早运用华罗庚"双法"（优选法和统筹法）的企业，践行了理论与实践相结合的原则，对引导实现学生学以致用的学习目标，脚踏实地通过实践践行理论的精神具有重要意义。

悠久的历史积淀

1896 年，奉天机器局成立，它是沈阳造币厂的前身，也是沈阳第一家现代化机器生产企业，开创了沈阳现代机械工业的先河。目前沈阳造币厂包含的历史文物包括建筑类和设备类两大类。建筑类包括

2016 年复原的于 1896 年建设的公司正门，始建于 1933 年的公司正门耳房和公司主楼，由 1935 年建成的公司厂房改建而成的沈阳造币博物馆，当年建厂牌楼留下的门当、过梁和柱础，其中 1933 年始建的公司主楼已作为"满洲中央银行造币厂"旧址被沈阳市文物保护单位授牌。设备类包括 1905 年由英国引进的大洋机，日伪统治时期由日本引进的日本压印机、日式验饼机、日本冲饼机、日式天平等造币设备和工具，1936 年由法国引进的 TVR 雕刻机，1955 年从美国引进的美式冲饼机等。沈币是中国近代造币工业发展历史的一个缩影，其始终站在国内钱币铸造业的前沿，传承着璀璨的造币文化。

中国制币历史重要传承和最高技术代表

新中国成立后，沈币的主要任务是印制东北银行地方流通券、第一套人民币以及贵金属熔炼等。1955 年，沈币首次生产人民币壹分硬币。之后，又陆续生产了贰分、伍分、壹角、贰角、伍角、壹圆等面额的硬币，并为蒙古国、越南、阿尔巴尼亚、刚果等国家制作流通硬币。改革开放后，沈币先后研发了流通纪念币、双金属拾元流通纪念币，填补了国家流通硬币的空白；开发研制了异型金银纪念币及系列金银纪念币，以题材广泛、铸工精湛、品质优异、种类齐全、中国民族传统艺术特色浓郁而蜚声国内外，深受国际同行的赞誉。目前，沈币的技术创新孵化区仍然在货币铸造领域从事高精尖的技术创新研发。

东北地区多层次独特历史文化传承载体和印记

1. 铸币展现近代东北地区历史事件全景。 跨越三个世纪的沈币先后经历了清末、民国、日伪、国民党统治和新中国五个历史时期，曾用名称 20 个，不同的厂名中，镌刻着沈币不同时期的历史。沈币各历史时期的代表性货币种类齐全，凝结着众多历史故事、历史人物和历史事件，是东北地区从满清末年、民国时期、日伪时期、国民党统治时期到新中国建设时期全历史景观的展现，不同时代的货币展现了特定历史时期的事件。

2. 沈币是我国中华人民共和国成立后工业进步史和制币业奋斗史的集中浓缩。 沈币作为新中国印钞造币行业"长子"，肩负着"为国铸币、和合铸魂"的责任与使命。同时，沈币还承担了蒙古、越南、几内亚等国家的外币生产任务，开启了中国造币走向国际钱币制造市场的大门。沈币在新中国成立后的快速发展是东北地区现代工业发展的缩影，是沈币人不断拼搏抗争的结果，在东北地区工业制造历史上具有重要意义和价值。

深挖"钱币方寸之物"所蕴含的历史、文化、科学技术、艺术等多重内涵价值，将其打造成为在东北地区知名并具有全国影响力的工业旅游景点。沈币是我国东北地区乃至全国制造工业的源头之一，其发展展现了沈阳大东区在我国工业进程中的重要作用，凝结着数代人追求技术工业精益求精、自强不息的精神，对弘扬爱国主义精神、铭记历史屈辱、增强民族自豪感具有重要社会意义。将原来封闭的历史资源、旅游资源开放，接纳更多的国内外游客，对提升沈币的知名度，传播货币文化、货币历史，也具有重要的社会意义。

思考题

你认为沈币在我国工业发展历史上起到哪些作用？通过沈币的技术发展历程，你如何认识工匠精神？

3

时代楷模

——沈阳光辉人物

【知识点】

中华民族在历史上面临各种危难存亡而能够代代繁衍、生生不息的根本在于不同时代都有为了祖国和人民默默付出、埋头进取的普通人，这些人是中国不同时代的楷模和脊梁。爱岗、敬业是每个公民应具备的精神，两者互为前提、相辅相成，爱岗是敬业的基础，敬业是爱岗的升华。大学是连接学生专业知识教育与社会就业的载体和桥梁，对大学生进行社会主义核心价值观教育，引导他们树立爱岗敬业的职业精神，忠于职守的工作态度是思政课程建设中重要的环节。要意识到，未来国家间的竞争是人才的竞争，新时代的人才不仅需要具有专业知识和实践能力，更需要具有爱岗敬业的职业精神。引导学生树立正确的职业观、价值观，恪守职业伦理，树立职业理想和信念，将自身的职业定位、职业发展与国家经济建设和民族伟大复兴的事业相结合。

一 创新创业人物

【**知识点**】在世界进入知识经济高速发展的时代，经济、企业发展路径的技术背景与底层逻辑发生了根本变化，新技术、新商业模式的涌现为这个时代的年轻人提供了更加广阔的创新创业空间。大学生既要有踏实求学，真正掌握前沿知识与本领；还要关注现实社会的真实问题与未来发展方向，提升自身综合素质与创新思维能力，洞察机会与把握机会。在大学课程教学中，教师也要通过真实问题导向、虚拟仿真等多重教学手段，培养学生的思维创新与综合实践能力。

案例一：范存艳：匠心雕琢科技　创新引领未来

〖**思政课程结合**〗 在世界新一轮科技革命和产业变革同我国转变发展方式的历史交汇期，习近平总书记提出我国要努力成为世界主要科学中心和创新高地。以科技赋能产业，沈阳新松教育科技集团积极践行科教合作、产教融合、协会筑桥的行动，为数字辽宁、智造强省建设做出应有的贡献。沈阳市拥有雄厚完整的工业产业体系，同时拥有高水平的人才培养的科研院所，理应借助全球技术创新的新经济浪潮，在东北老工业基地振兴中发挥更大作用。目前，我国部分大学生创新思维、敢闯敢拼的精神不足，缺乏敢于创业、敢于创新的冒险精神，在择业上求稳的心态占上风。在大学生培养中，要加强创新创业课程建设，提升学生创新思维与创新创业能力，传导敢闯敢拼、敢为天下先的"闯"的精神。

以科技赋能智慧教育新发展，建设现代高素质人才培养体系，赋能区域经济更好更快发展，是新松教育科技集团（以下简称新松教育科技）负责人范存艳一直努力的目标。

开拓双元制教育模式，践行中德科教领域合作新浪潮

新松教育科技致力于智能制造产业升级，以数字化时代的人才培养为端口，支撑行业孕育"大国工匠"。沈阳作为东北振兴的"排头兵"，同时也是中德合作国家级重点示范区，对与德国在制造领域的技术合作及人才培养方面有着迫切需求。新松教育科技全资收购了具有百年品牌历史的德国陶特洛夫职业培训学院，与全球著名的弗朗恩

霍夫 IFF 研究所展开技术合作，并与德国多所大学共享教学资源等。范存艳带领团队建立起了一条双元制教育模式与科技创新的纽带，受到了中德两国政府的高度关注与大力支持，成为中德科教领域合作的重要践行者。

深化产教融合，打造"新松现代产业学院"，构建校企命运共同体

新松教育科技深度参与国家"1+X"证书认证工作，是辽宁省唯一拥有三种证书的国家级评价组织。并以 AVR、大数据、工业软件、机器人、教育技术等为研发方向，开创了"研发、产业、创新与教育深度融合"三螺旋模式，以新科技驱动智慧教育，提供创新型教育技术解决方案，全面支持高校新工科建设。

范存艳提出深化"产教融合"，打造"新松现代产业学院"，构建校企命运共同体，促进人才培养与产业需求融合的校企共建新模式。新松教育科技先后与东北大学、沈阳工业大学、山东科技大学、沈阳大学、齐鲁工业大学等国内高等学府共建智能制造产业学院，打造"产学研训"四位一体的创新型现代产业学院及数字学习工场，形成国内一流水平的技术技能型人才培养模式。

不忘初心、赓续奋斗，将高企协会建设成为连接政府的桥梁纽带、国际国内交流的平台、引领企业发展的旗帜

沈阳高新技术企业协会是由沈阳市科学技术局倡导发起，由全市从事高新技术产业的相关机构共建而成的。高新技术企业是实现沈阳经济高质量发展的重要引擎，高新技术企业协会作为科技创新主体，为全市高新技术企业提供了多要素、专业化的科技创新服务平台，搭建了企业与政府、科研院所及企业间的资源共享平台，是"沈阳市网上高企之家"。

范存艳作为沈阳市高新技术企业协会秘书长，将"成为政府的好帮手、产业转化的助推手、解决行业痛点的操盘手、世界了解沈阳高新技术发展的窗口、企业充分信任的代言人"作为协会的发展目标。她对协会未来的工作提出"链接培育、共建共享、构建圈层"的发展思路。

思考题

你认为产政学研合作对于当前大学生教育内容与方式改革有哪些启示？

案例二：叔宝帅：我与家乡共成长

〔**思政课程结合**〕本案例主人公叔宝帅出身平凡，走出校门后在食品厂从事一个普通工作。凭借着他勤奋刻苦的学习精神和对市场方向的把握能力，更重要的是他一直怀揣着对家乡浓厚的深情，立志要用自己的双手改变家乡落后的局面。而后，他投资家乡，实业报国，带领家乡特色农产品打出品牌，实现价值增值，带动本地富余劳动力就业和家乡新农村建设，在发展后不忘反哺家乡，为家乡改变落后面貌积极捐款。在相关课程讲授中可以通过叔宝帅和他企业发展的案例，引导学生树立对农村、对家乡的深厚情感，激励学生将自己学到的知识应用到乡村振兴之中，带动我国农村的快速发展和农民的增产增收。

"就业创业在家乡"，若不是对家乡的情怀和不舍恐怕不易做到。实业家叔宝帅经过多年打拼拥有了自己的企业，带动了乡亲就业和家乡建设。创业需要行动，自然也需要勇气和智慧，像叔宝帅一样与家乡共成长的实业家将是沈阳经济发展的市场新活力。

刚刚走出校门的叔宝帅满怀对家乡的热爱，一心想找一份工作实现自己贡献家乡的理想，于是第一份工作便在自己的家乡——刘二堡镇刘南村的一家食品厂。那时不但工作时间长，而且薪酬很低，这些他都默默地接受了，因为他知道，通往成功的道路一定充满荆棘与坎坷。

工作期间，他利用业余时间学习开车和销售业务，自学电脑知识，由于刻苦的韧劲、诚实守信，很快得到了客户的信任，与客户之间建立了稳定的关系，销售业绩逐年递增。

经过多年的实践，带着对市场的审时度势，叔宝帅看到当地大米加工厂特别多，经过长期市场考察再结合现有市场需要，他成立了本地大米包装袋经销处。此后，叔宝帅整天跑市场、找客户，耐心地推销着自己的产品。渐渐地，他的诚恳与朴实打动了许多客户。这样，兴良包装袋经销处慢慢地走上了正轨。在有了属于自己的公司后，叔宝帅开始自己尝试生产编织袋，探索着走一条先销售后生产的路子。实践证明，他选择的路是正确的。

2008 年，叔宝帅一举投资 800 万元，盖起了宽敞明亮的厂房和现代化办公楼，占地面积 3000 平方米，一跃成为当地最具影响力的民办企业之一，为当地的经济和社会发展注入了新活力。公司更名为沈阳市兴忠良塑料包装制品有限公司，总资产累计达到 1500 万元，生产能力达到年产 3000 万条包装袋，为当地解决了 100 余人的就业。

公司在他的精心经营下，一年一个台阶，真正地实现了跨越式发展。致富不忘乡亲，2009 年春节前，叔宝帅为村里无偿安装上了路灯，而且电费全部由公司承担，这个举措得到了老百姓的广泛赞许，不仅照亮了漆黑的夜晚，也照亮了百姓的心。

作为一名中国人民政治协商会议全国委员会委员，这些年叔宝帅看到了沈阳翻天覆地的变化，随着各种工厂从市内全部搬到产业园区，空气也变得越来越好，人们的生活水平也提高了很多。他为作为一名沈阳人而感到自豪。

思考题

你认为一个企业家能够成功的核心要素是什么？西方经济学将企业定义为追求利益最大化的组织，你认为企业除了追求利润还应该承担哪些社会责任？企业管理者该如何协调企业利润、社会效益与企业社会责任的关系？

案例三：江菲：参与社会公益 16 年　精准扶贫书写最有力的中国故事

〖**思政课程结合**〗 党的二十大报告提出，继续扎实推进全体人民共同富裕，在党中央的带领与全国人民的共同努力下，2021 年我国脱贫攻坚战取得了全面胜利，完成了消除绝对贫困的艰巨任务。在打赢脱贫攻坚战的征程上，活跃着无数不知疲惫的身影，他们将提升自我与服务社会高度统一，践行着社会主义核心价值观。江菲便是其中之一，她致力于精准扶贫，穿梭于田间地头、走访贫户、下乡支教，公益从心开始，长于使命和责任，她的行为感染着身边的每一个人，他们共同浇灌了"公益之花"。每个大学生，都应该心存感恩与奉献之心，通过江菲扶贫团队的案例，树立学生关注社会弱势群体的人文关怀，要有"先天下之忧而忧"的家国情怀，要有同情弱者、帮助弱者的悲悯情怀。

江菲获得过很多荣誉：中国优秀志愿者、辽宁省优秀志愿者、辽宁省五四奖章、辽宁省最美抗疫家庭等，作为辽宁省青联委员、辽宁省青少年发展基金会理事、皇姑区第十五届政协委员，她把这些荣誉看作党和人民对她的信任，带领公益事业发展中心这个由志愿者组成的团队深入田间地头、社区学校开展公益项目，在精准扶贫、推进乡村振兴、关爱留守儿童、抗击新冠疫情和抗震救灾中都能看到她不知疲惫的身影。

经过十余年的奋斗，她带领的"利州社会公益项目团队"曾获民政部第二届、第三届青年公益创投大赛银奖，辽宁省五四先进集体，辽宁省优秀志愿服务团队，辽宁省优秀巾帼志愿者团队，辽宁省禁毒先进集体，第三届"辽宁慈善奖"最具影响力慈善项目，中国好公益平台辽宁枢纽机构，最美沈阳市抗疫先进集体等荣誉和称号，2016年被沈阳市民政局评为 4A 级社会组织。她和团队的相关事迹先后被学习强国、中国青年网、今日头条、《辽宁日报》以及多家网络平台多次报道。

在心中播下爱的种子　让公益事业生根发芽

21 世纪初，为了开阔视野，不到 20 岁的江菲走出国门，远赴爱尔兰留学。在勤奋刻苦学习之余，她持续不断地参加志愿者服务，并在服务的过程中深深地喜爱上了做公益，成为一名公益志愿者的想法在她的心里逐渐扎下了根。

2005 年，江菲的父母终于将学业有成的女儿盼了回来，回国后，江菲就每天东奔西走，做起了公益。最初父母并不理解，他们觉得好好地找一份稳定的工作不行吗？可是，江菲却有自己的打算，那就是做公益。女儿大了，父母也管不了，见她不是"上山"就是"下乡"，风天一身土，雨天一身泥，父母着实有些心疼。不过，女儿做的都是好人好事，听着受助人的夸赞声，看着电视里领奖的女儿，父母逐渐地改变了态度，转而支持女儿将好人好事做到底。

有了父母的支持，江菲做公益的底气更足了。结婚后，爱人的支持也给了她强大的精神动力。江菲不只是上山下乡"做好人好事"，更是通过科学的规划实现精准扶贫。但是，说起来简单，做起来难。在江菲从事公益事业的道路上，从父母到爱人再到女儿，全家的支持和参与，让江菲能够专心学习提升，在繁忙的工作之余，她坚持进修并取得了香港理工大学社会工作硕士学位。她的爱人经常腾出时间出人出力帮忙搬运物资，做志愿者；孩子放假就跟着江菲参加各种公益活动，父母更是主动帮她分担家里的事务。这个"沈阳市最美家庭标兵户"用真诚的付出，以实际行动诠释了公益事业的真正意义。

从单枪匹马做公益，到带领一群热心公益的人士做公益，江菲通过将社会学的专业知识与公益实践相结合，走在了时代的前列。作为一名青联委员，她充分发挥青联的引领作用，重视青年人在乡村振兴中的正向价值，带领村里时间较为充裕的青年人参与到村庄公共事务当中，成为社会组织参与乡村振兴的一股重要力量。如一股社会清流江菲让青春的脚步坚实地走在公益事业的路上，付出着辛苦，收获着希望。

在公益事业中搭建平台 书写最有力的中国故事

留学归来后，江菲最初做公益就是到喀左县的山区，为山区的儿童开展支教活动。那时，她尽自己所能帮助贫苦学生，并思考如何能做得更好，才能解决贫困地区家庭和孩子们脱贫的根本问题。于是，从为一所学校提供支教服务，每年帮助几名贫困学生开始，到整合多方社会资源，为贫困地区、贫困人口及儿童解决实际生活困难，关爱儿童成长健康，经过多年的不懈努力，终于实现了帮助贫困村民逐步脱贫致富的愿望。

那些年，在扶贫过程中，江菲通过与多个部门沟通协调，搭建起了辽宁公益服务平台、设立了社会公益服务项目，为贫困山区打了10眼饮用水井，修建了一座漫水桥，打造的500亩荒山植被水土保持项目被推广成退耕还林示范项目，为当地贫困人口解决了生活实际困难。

江菲这样一位温婉的女子竟然往返于繁华的都市与贫瘠的山村之间，依靠自己的努力，通过寻求多方支持，先后为 32 所山区小学校提供了大型控温净水设备，为 43 所学校安装了大型户外体育运动器材，为 48 所学校筹建了音乐教室；多年来持续为山区 8 所小学 1432 名儿童提供了每天一颗鸡蛋营养加餐，在 26 所学校开办了儿童减防灾及自我保护培训；每年组织倡导社会志愿者共同资助贫苦学生 600 人，累计为 12000 多名困境儿童发放冬季温暖包，多方整合社会资源，累计投入项目资金超过 3 千万元。

在参与社会事务中思索　让青春焕发光芒

对于从事公益事业的江菲来说，肩上的担子和责任让她舍弃了无数与家人团聚的欢乐时光，她带着利州公益事业发展中心的伙伴们深入街道和学校，与社区居民、大学生和小学生三个不同群体联动进行禁毒宣传教育，针对不同宣传活动的设计方案及不同群体特点，有针对性地在不同群体中发展培育专业禁毒志愿者，并在社区、学校、家庭、企业和火车站等场所宣传 40 余场，同时结合国际艾滋病预防日、全国第 34 个 "110" 宣传日开展宣传 5 次，受益人数超过 3 万人。

面对新冠疫情，利州公益紧急启动社会组织抗击新型冠状病毒肺炎紧急行动方案，为一线抗疫工作人员和志愿者多渠道紧急订购防疫物资。累计为防疫人员提供 1500 枚医用口罩和 120 箱酸奶。积极组织志愿者联合社区开展联防联控工作，在社区醒目地点张贴 2000 余份防疫宣传画，为防控一线发放 3 吨医用酒精、1.5 吨 84 消毒原液、2000 副医用手套、50 套防护服、300 个 3M 医用护目镜等防疫物资。还邀请专业救援队为派出所、社区、开放式小区开展消杀工作。联合省内 45 家公益组织，配合社区联防联控、排查登记，为在家隔离人员和社区困难群体送物资、送服务。利州公益共组织超过 2000 余名志愿者参与新冠疫情防控志愿服务，累计发放募集防疫物资超过 150 万元。

在精准扶贫中追逐梦想 描述出最新最美的画卷

这些年，在喀左，江菲和农民们结下了深厚的友谊，这些源于她对这片土地的热爱。为了营建村民共建共治项目示范村，江菲采取主动走出去、引进来的方式，带领村民妇女骨干去广州、福建、河南、山东等全国乡村建设示范基地学习交流，提升当地村民参与社会公共服务的意识和能力。通过实施村民互助小组的能力建设培训，发展更多的留守妇女参与到乡村治理、社区公益活动中。策划了喀左县六官乡"幸福家园·乡村文艺大汇演"活动，并被招商局集团发起的招商局慈善基金会评为最佳村民自治一等奖。村民参与社区营造促和谐的项目，提高了村民参与度，通过共建共治让自己的家园变美变和谐，极大地提升了村民的幸福指数。

为了传承优良传统文化，江菲在喀左县六官镇利州东前沟项目示范村开展"隔代养育教育讲堂""家庭教育公益大讲堂""好家风好家训"寻找"最美家庭"等活动。同时联合乡政府、共青团及村级妇女主任带领5个村的妇女村民成为志愿者，对基层28位留守老人长期开展探访活动，定期购买米、面、油、蛋、肉，收拾卫生、为村里老人每年过年购买棉衣、定期理发，节假日村民妇女组成互助小组包饺子、做汤圆、做月饼、包粽子，为老人及时送去了节日的食品与问候，陪老人聊天。通过村民共建共治，项目村里的妇女们成为了化解村民之间矛盾，创造稳定和谐社会环境的重要骨干。

为了帮助村民脱贫，江菲在2个项目村开展礼品羊传递行动，为贫困村民每户购买6只种羊进行养殖创收、开展扶贫传递的脱贫互助项目。受扶助的贫困村民在养殖一年后，将第一批种羊繁殖的6只种羊传递给下一户贫困家庭，使接受扶助的每户村民年增加经济收入达6000余元，村民从受助人的角色变成资源的提供者，进而由受助对象发展成为志愿者，帮助困难群体实现个人及家庭的长远发展。除此之外，结合电商现状，江菲和小伙伴们制订了详细的培训计划，组织村民学习电子商务，为村里的农副产品拓宽了销售渠道。

作为一名公益事业的实践者，江菲通过在香港理工大学社会工作研究生专业的系统学习，将最初的热爱公益、身体力行做公益，到对公益事业有了深刻的思索并将热情转化为一种社会责任，这期间，她经历了不被人理解的困惑，也经历了获得荣誉之时的感动。十多年的公益征途，有星辰大海，也有晦暗落寞，但是，所有的艰难都成为激励她前行的动力，使她一如既往地在公益之路上走下去。江菲坚信：公益的创新与发展，必将助力全面推进乡村振兴的发展。

思考题

你认为当代大学生毕业后如何为我国实现全体人民共同富裕做出应有的贡献？

二　传统文化的传承人物

【**知识点**】中华民族数千年来积淀了优秀、多元的传统文化，其范围涵盖之广、形式之多、流传之久世属罕见，也成为推动中华文明不断发展的原始动力。文化是代代相传的，随着我国进入历史发展新时期，文化的内涵更加丰富并趋于完善。作为高校教师，不仅是专业知识的传授者，也应该是中华优秀文化的学习者与传播者，结合各自课程特点，巧妙地引入传统文化元素，在潜移默化中向大学生传授中华优秀传统文化，树立大学生的文化认同感与文化归属感，学习并认同中国传统文化中的精华，并加以传承和发展。

案例四：走进盛京书院　传承盛京文化

〖**思政课程结合**〗中华传统文化内涵丰富，包括思想、艺术、哲学、书画等多种形式，是世界文化的瑰宝，也是推动中华民族不断进步、发展，屹立于世界民族之林而不衰的原动力。习近平总书记在党的二十大报告中提出，要推进文化自信自强，铸就社会主义文化新辉煌。大学生作为祖国未来的建设者和创造者，同时也是中华文化的继承者、发扬者和传播者。当前世界面临开放格局，个人主义、精致利己主义、虚无主义等思潮盛行，对我国年轻一代对传统文化的学习与传承带来一定影响，造成部分年轻人思想上的迷失与中华优秀文化的断代。因此，在强调专业理论知识学习的基础上，学习中国优秀的文化，特别是将自己所在城市、地域的优秀文化挖掘、传承、发扬，在当下时代意义尤其重大。

沈阳市作为国家历史文化名城，应当担负起弘扬发展中华传统文化的重大责任。在郭德军老师创办盛京书院的十余载中，他在书法技艺上不断精益求精，在传道授业中诲人不倦。他时刻不忘传承弘扬优秀书法文化，为祖国的书法文化发扬光大献出力量的初心和使命。

盛京书院坐落于沈阳市中山广场西侧的同泽北街。在那排年代感十足的古建筑群里，一块黑底牌匾，上有"盛京书院"四个榜书大字，笔势绵密、气势雄强。旁有绿树掩映，周围有红墙依托、古朴的建筑正是郭德军老师的书法讲习所。

进入屋内，厅堂中排列着整齐的桌椅，桌上笔墨纸砚一应俱全，墙上挂满了名家书画作品及郭德军老师自己的作品。格外惹人注目的是，角落里堆积如山的书写过的练习纸，还有那塞得满满当当书籍的大书架。屋里虽不算整齐，却是墨香氤氲、静谧安然。在古代，书院是一种独立的教育机构，是私人或官府所设的聚徒讲授、研究学问的场所。袁枚在《随园随笔》中云："书院之名，起于唐玄宗之时，丽正书院、集贤书院皆建于省外，为修书之地。"书院之名虽出现于唐，但唐代的书院类似于后世的馆阁，并非教育机构。从宋朝开始，书院作为一种教育制度正式形成。郭德军老师的盛京书院是一个研习书艺、传承文化的书法教育机构。书院成立已愈十年，起初在北市场，后因北市场动迁，才转址于中山广场文化街区。

郭德军老师的本职工作是沈阳大学的教师，主讲书法、古代汉语与古文字。他在吉林大学读博时的导师是著名学者丛文俊，在书法技艺上又师从祁毓麟、聂成文、何连仁等名家，转益多师。良师的引导，加上勤奋好学与孜孜不倦的求索精神，让他在书法与古文字方面打下了深厚的基础，对书法的文化传承有着深刻的认识。经营个人工作室期间，郭德军老师从不曾懈怠，在书法创作、文化研究、书艺教学等方面积极钻研，多年积累下来，书法事业全面开花。为沈阳培养了大批的书法人才，有的学生已经多次入选全国书法展。他指导的中小学生成绩斐然，多名学生考上了辽宁省实验中学的书法特长生。更加难得的是，这些年郭德军老师一直坚持从事公益活动，每月一次的书法公益讲座聚拢了辽沈大批的书法爱好者，他每年都到农村，为村民免费书写春联，在零下几十摄氏度的农村春节大集上为乡亲们写对联、送福字，虽然条件艰苦，他却甘之如饴，因为他始终不忘自己的理想与信念。

随着在书法领域的耕耘拓展，工作室的内容与规模不断丰富壮大。慕名登门拜师学习的人多了，他发现很多人喜爱书法却苦于求师无门，还有的学习者遇人不淑误入歧途，这些乱象让他更加意识到自己的职责与使命，也让他更加坚定了内心的理想与信念。郭德军老师开始有意地调整自己书法事业的方向，扩大书法教学版图，从校内到校外，将优秀的书法文化传播出去。跟随其学习者，从孩童到长者，涉及年龄段、不同领域。有的作为业余爱好修身养性，有为升学而发展特长，目的虽不尽相同，但郭德军老师秉承有教无类的教育理念，不同的学习者都能在他这里获得优秀传统文化的滋养。

盛京书院凝聚着郭德军老师多年来书艺探索的心血，承载了郭德军老师的文化理想，除了其个人在书法艺术与教育领域的实践积累外，还得益于沈阳整体社会文化环境的改善，也见证了沈阳的城市建设不断完善与文化建设的不断加强。身为辽中区政协委员，郭德军老师时刻牢记使命与责任，为辽中区书法文化发展建言献策，在 2020 年底召开的辽中区政协二届四次会议上，他提议在辽中区一高中增招书法特长生，以巩固辽中区中小学生热爱书法的积极性，促进辽中区书法文化的发展繁荣。

郭德军老师说："人们对书法的喜爱与重视加深，对优秀传统文化的认识加深，这说明我们的整体文化氛围越来越好。其实沈阳有着良好的书法文化基础，近代有沈延毅、霍安荣等'书法四老'享誉全国，1980 年全国第一届全国书法篆刻展就是在沈阳举办的。辽宁作为我国的书法大省，多年走在了全国前列，如今我们身处一个提倡文化大发展、大繁荣的好时代，理应奉献自己最大的力量，为书法文化的繁荣发展贡献力量。"

沈阳作为我国东北地区重要的文化中心城市之一，郭德军老师希望以盛京书院为起点，聚集广大书法文艺爱好者，传承弘扬优秀书法文化，为沈阳书法文化的繁荣昌盛，为祖国的书法文化发扬光大献出毕生之力、做出更大的贡献。

思考题

你认为中国的优秀文化体现在哪些方面？你认为文化是抽象的概念吗？中国传统文化的学习、传承和发展对中华民族的伟大复兴具有什么样的作用，请谈谈你的看法。

案例五：沈北"守艺人" 传承践初心

〖**思政课程结合**〗国家的繁荣与富强不仅体现在经济发展和高楼大厦上，也体现在传承传统工艺、延续民间艺术文化中。我国有56个民族，形成了多元的民族文化符号；同时我国幅员辽阔，各地地域风貌、历史各异，形成了不同的地域特色文化。文化不应该是单一的而应该是多元的，而代表不同文化的手工艺品、艺术创造等文化符号，已经融入各自亚文化主体的血液和生活，是我国优秀文化重要的传承载体。在更加开放的当下，大学生面临更为多元的文化体系，一方面我们可学习吸纳西方文化的优点为我所用，另一方面也要警惕西方文化对我国传统文化的冲击。党的二十大报告提出，传承中华优秀传统文化，因此在思政课程中，要通过案例让大学生认识到我国特色文化的魅力与博大，主动学习、发掘和传承具有本民族、地域性的优秀文化，并将其发扬壮大。

从"手艺人"到"守艺人"，辽宁大学附属实验学校的手工艺术大师赵锶田，以满族布艺为基础元素打造手工艺坊，立志通过学校里这个小小的布艺工坊，将非物质文化遗产用教育的方式真正地一代代传承下去。

在沈北的很多地方，时间可以被看见；但在沈北的这个地方，时间却可以被触摸。虽然少有记载，它却用独有的方式将历史镌刻在人们心中，尽管来自遥远的过去，却让人触手可及。

在坐落于沈阳市沈北新区的辽宁大学附属实验学校里，有一间雅致温馨的满族布艺艺术工坊，它以其独有的艺术魅力感召着一群群天真可爱的孩童。小小的手、单纯的心，专心致志、凝心静气，孩子们跟随着那个技艺精湛的非遗传承人，沉浸在感受美与创造美的艺术世界里。

她就是赵锶田，辽宁省女子工艺美术大师，非物质文化遗产传承人，手工艺术大师，全国注册艺术教师，民进会员，沈北新区政协委员。她作为何氏布艺的第四代传承人，自幼师承家艺，她的布艺作品题材广泛、内容丰富、造型精巧别致，用料考究，具有浓郁的地域和民族文化特色。她的作品多用一些象征性的图形，表达中华民族自古以来祈盼吉祥、趋吉避凶的美好愿望。她将家族世代传承的工匠精神融于血脉，融入课程，以民族工艺美术为依托，实现非遗传承与美育教育相结合，深受孩子们喜爱。

因为热爱，所以执着。因为热爱，所以专注。因为热爱，所以坚守。多年的坚守，使她的技艺越来越纯熟，越来越高超。她本人曾荣获"辽宁省女子工艺美术大师"称号和教育部第六届中小学生艺术展演活动指导教师"二等奖"等多项个人奖项。她的作品也曾多次参加国家、省、市级的各种非遗文化展览，她的作品《仙境》曾荣获辽宁省工艺美术文化产业博览会"工匠部落"杯"金奖"，作品《满族服饰》荣获辽宁文化创意设计"铜奖"，2019 年 4 月还曾在中华人民共和国教育部第六届中小学生艺术展演活动中获得"满族布艺工作坊"项目"二等奖"。

赵锶田在一届又一届学生的更替中坚守着每一场美丽的蜕变。到2021年，赵锶田为40个班级传授非物质文化遗产课程，受众师生达3000余人，打造优秀作品百余种、万余件。通过她的弘扬，更多人知道了布艺，了解了满族布艺这个非遗传承技艺，在教育部、省市各级组织的中小学艺术展演中，满族布艺艺术作品的展示逐渐获得越来越高的关注度。

用赵锶田的话说，与其说我们是手艺人，倒不如说是"守艺人"，我愿意把我所有的手艺都教给孩子们，让中华民族经历几千年沉淀的历史文化瑰宝不失传，有传承。

思考题

你认为中国传统手艺值得学习和传承吗？这些传统手艺在我国文化传承方面起到什么作用？

三　立德树人典型人物

【知识点】正如鲁迅先生所说，"中国自古以来，就有埋头苦干的人，有拼命硬干的人，有为民请命的人，有舍身求法的人，他们是中国的脊梁"。这些为国家、民族、人民的利益去努力工作、舍身赴死的典型英雄人物，代表着中华民族不屈的民族精神。民族精神在不同的时代之下，被赋予了不同的时代精神和内涵。从新中国成立到我国大规模经济建设，再到改革开放后我国经济发展的新局面，可以说任何一个时代中国共产党都秉承着全心全意为人民服务的宗旨。在我国经济建设的各个阶段，涌现出大量优秀的共产党员，他们心存大爱，不计个人得失，用实际行动诠释人间大爱。每个典型人物就是一面旗帜，激励着每个人不断奋斗向前。

案例六：微光可成炬　大爱映苍穹

〖思政课程结合〗"为人民服务"的雷锋精神激励了一代又一代的年轻人。出生在军人家庭的赵士庆，从小便立志做一名"雷锋"，他爱岗敬业、热心公益，先后被评为沈河区劳动模范、授予"五四荣誉奖章"，被评为沈阳市劳动模范。微光照亮微光，微光传递微光，聚微光成星海，社会必将更加有爱。赵士庆是个普通的人，却用不普通的行动践行了一个共产党员对人民无限的爱。

雷锋曾在日记中写道："我要把有限的生命，投入到无限的为人民服务之中去。"

雷锋，生命的长度只有 22 个年头；但雷锋精神，让这个短暂的生命延展出无限的厚度，激励了一代又一代人成长。雷锋精神，人人可学；奉献爱心，处处可为。在我们身边，就有这样一位"百姓雷锋"，他就是沈阳市政协委员赵士庆，在他的带领下，一支 3000 多人的爱心团队集结成立，他们走遍省内 2/3 的地方，助学、助残、助困，哪里需要就到哪里去。

赵士庆，1969 年生于辽宁沈阳，30 多年来致力于社会公益活动，累计参加志愿服务超过 5000 小时，先后获得沈阳市学雷锋先进个人、优秀志愿者、劳动模范、道德模范、文明创建工作队先进工作者、感动沈阳人物暨沈阳市身边好人，感动辽宁公益人物、辽宁好人，中华十大孝子等 50 多项荣誉。2014 年，荣登中宣部和中央文明办主办的"中国好人榜"；2016 年，被中央授予建党 95 周年时代楷模第十二届爱心中国十大公益道德模范；2021 年被评为"全国学雷锋先进个人"。

传承红色基因　从小立志做好人

在多年的学雷锋实践中，赵士庆委员和爱心团队的队员经常被问到这样一个问题："你们一直在做爱心活动，这种爱的根源到底在哪里？"

每当面对这样的提问，赵士庆都会心一笑地说："奉献爱心，我不是与生俱来，是从生活中来的。如果说在奉献爱心方面我与别人有所不同的地方，那只能说是生活的实践给我种下了一颗奉献爱心的种子。"

赵士庆出生在一个军人家庭，父亲、大哥、二哥和他都是军人。父亲奉献国防21年，建设、保卫国家，载满军功，为赵士庆树立了榜样。赵士庆刚满五个月的时候，母亲因病去世，父亲在部队工作，抚养赵士庆的任务落到姥姥身上。姥姥把赵士庆拉扯长大，缺吃少穿时，受到左邻右舍乡亲很多照顾。赵士庆的童年虽然失去了母爱，但在姥姥无微不至的关怀和邻里热心的帮助下，深深体会到"大家庭"的温暖，这在他当时幼小的心灵里埋下了爱的种子。从那时起，赵士庆就暗暗立志一定要做一个好人，要像雷锋一样，像好邻居一样，帮助更多有需要的人。

长大后，辽宁沈阳这片热土造就的英模也为赵士庆创业之路树立了非常好的榜样，雷锋、周恩义、郭明义等，一代代的感召、激励，鞭策着赵士庆践行做好人，做一名能够温暖社会的好人。

干一行爱一行 做爱岗敬业好人

在多年的工作实践中，赵士庆反复回答一个问题："保洁不就是清理卫生吗？这有什么干头？"

"此言差矣"，在赵士庆看来，现代意义的保洁工作已不是一块抹布一把扫帚那么简单，随着经济发展、城市化进程推进，新型建筑和装饰材料广泛应用，要求使用专业清洁设备和试剂，经过专门技术培训，按照科学方法和严格程序进行清洁。

赵士庆讲，"孟泰、尉凤英、罗阳等模范的敬业精神，给我们树立积极工作、敬业工作、精业工作的典范。我也致力于将晨光保洁公司打造成一个活、精、大、强的'保洁服务超市'，并确立'晨光'包质量、保诚信、求创新的服务理念。就说沈阳冬季除雪，无论接手哪个单位的活计，无论白天夜晚，只要雪停就是号令，就第一时间赶到现场。2007 年，沈阳遭遇 50 年一遇特大暴风雪，积雪封堵路面，交通停运。我带领'晨光人'雷厉风行，奋战三天三夜，保证了沈阳市委、市政府等机关院内道路畅通。2008 年奥运会，'晨光'被指定为北京奥运会沈阳场地唯一一家卫生保洁公司。每天保证场馆内 5 万多观众场地和卫生间的整洁。我带领 80 多名员工奋战半个月，圆满完成任务。"

在"城市美化大师"的路上，赵士庆带领企业脚踏实地、勇于攀登，创造骄人的成绩，企业被评为沈阳先进保洁公司。赵士庆也先后被评为沈河区劳动模范、授予"五四荣誉奖章"，被评为沈阳市劳动模范。

微光成炬 感召团队做新时代好人

点亮这座城的"希望之光"，他们有一个共同的名字 —— 志愿者。

这么多年，赵士庆带领爱心团队一直在兑现一个承诺："学雷锋只有起点，没有终点，哪里有需要，就要到哪里去。"为了更好地服务社会，他在2016年成立赵士庆爱心团队，爱心成员200多人。几年来，爱心力量不断汇聚，目前，爱心成员达3000多人。

爱心团队持续开展学雷锋志愿服务活动，义务修树，免费理发、修脚，到儿童福利院、养老院做义工，开展器官捐献等公益宣传，为残疾人捐款，为白血病患者义卖，进社区慰问困难职工，进校园资助贫困学生，慰问特殊教育孩子，慰问老劳模、老功臣，慰问一线消防官兵，足迹遍布沈阳市内及周边区县。特别是在抗击新冠疫情中，爱心团队成员闻事响应，第一时间开展工作，分赴多个社区的多个点位，参加疫情防控。协助社区做好核酸检测维持秩序、消杀作业、人员登记、信息录入等工作，为沈阳抗击疫情贡献一份力量。

这些年，赵士庆带领团队爱心人士开展公益活动200多次，捐款捐物折合人民币100多万元，帮助600多人。赵淑贤、刘福龙、米忠义等爱心人士就是团队的杰出代表。他们有的是区县文明出行模范市民、城市接待使者、社会法制特邀监督员、营商环境监督员；有的是优秀共产党员、全国杰出母亲、省市巾帼志愿者形象大使；有的是爱心大使，为灾区孩子慷慨解囊；有的是大学生思想政治教育课外辅导员，向莘莘学子传递正能量；有的是道德模范，宣传禁毒，敬老爱老助老，感动沈阳人物；有的是优秀志愿者，被全国、省、市、区评为学雷锋先进个人。

赵士庆说："我带领爱心团队开展公益活动，感召更多爱心人士加入奉献爱心活动中。爱心团队受到社会各界的广泛关注和积极支持，许多新闻媒体对我们宣传报道，既是荣誉，更是激励。我和爱心团队成员衷心希望，微弱的光芒能够一点点地汇聚成强大的、推动社会变得更美好的'炬光'，并将这束'炬光'不断传递给全社会各个角落，温暖遇到困难的每一个人。"

在这支队伍里，涌现了太多志愿者典型人物和组织代表：辽宁省国防教育志愿讲师团团长徐文涛、亢秉铨、陆国斌、金秋医院"菊香爱心团队"、省博物馆志愿者团队等志愿服务社区、沈阳市沈河区风雨坛街道雨坛社区……

长期以来，辽沈营造了崇尚英雄、学习模范的浓厚社会氛围，也形成了一整套完善的选树、培养、激励、弘扬英模的机制。党的十八大以来，辽沈着力培育和践行社会主义核心价值观，搭建平台，创新品牌，大量的道德模范和"辽宁好人""沈阳好人"在振兴发展中涌现。在黎明、沈飞、沈阳机床、沈鼓、宝马等企业，多年来诞生各级各类先进模范人物近万名，学习先进、保持先进、赶超先进成为这些企业的核心文化；在雷锋纪念馆里，不同年龄不同身份的参观者每天都排起长队；在广大村庄社区，形式多样的学雷锋学志愿服务活动竞相举办；街谈巷议或网络论坛，如赵士庆爱心团队的凡人善举总能激起广泛传播和强烈认同。学英雄传递正能量成为整个辽沈社会的时代风尚，当模范弘扬时代精神成为每个辽沈人的价值追求。

据不完全统计，沈阳学雷锋志愿者已达 109 万人，学雷锋志愿服务组织 2370 个，志愿者服务站 7000 余个，活跃于助老、助困、教育、医疗、扶贫等各个领域。

在这座城市，他们每天这样发出光亮，微光照亮微光，微光传递微光，聚微光成星海，筑起了一座具有感召力和凝聚力的精神丰碑。

思考题

你认为雷锋精神过时了吗？新时期雷锋精神体现在哪些方面？

案例七：发挥基层党员的力量　打通优化营商环境"最后一公里"

〖**思政课程结合**〗整个社会由一个个基层村镇和社区构成，每个社区村镇就是一个小的社会细胞，只有一个个的村镇社区建设好了，整个社会才会更好。社区村镇的党支部书记，是党组织堡垒中最基层的管理者，其品德与行为，直接影响到整个社区的发展。本案例中的金辉虽然是一名最基层的党务管理者，但他以党员的高度责任感和使命感，以实际行动带动所在社区的不断完善，将构建营商环境的大方针政策与社区内点点滴滴小事联系起来，通过软硬件环境建设和社区精神文明素质提高，构建沈北营商环境新高地。社区书记很平凡，但平凡的工作中彰显了一名普通基层干部的有为与担当。在大学课程中，也应教育大学生脚踏实地的精神，让他们认识到没有平凡的岗位，只有平凡的业绩。激励他们工作后能够脚踏实地，在平凡的工作岗位，做出不平凡的业绩。

金辉，沈阳市沈北新区新城子街道北汤社区党委书记。2012 年被沈北新区区委、区政府评为优秀共产党员，2013 年被沈阳市委、市政府评为先进个人、被沈北新区区政协评为优秀政协委员。作为一名政协委员，金辉时刻将"人人都是营商环境，个个都是开放形象"牢记于心，始终以高度的责任感和强烈的事业心，带领社区工作者圆满完成各项工作。积极主动学习《优化营商环境条例》，把握《优化营商环境条例》的深刻内涵，将打造"办事方便、法治良好、成本竞争力强、生态宜居"的营商环境，推动辽宁振兴发展取得新突破时刻记在心中，落实在工作上，多措并举进一步提高辖区内企业满意度，努力打造营商环境新高地。

完善社区建设，提高营商环境硬实力

在 2020 年北汤社区成立之初，各种硬件设施并不完备，这给社区提供政务服务带来了不小的困难。为解决这一问题，金辉精心设计，认真把关政务服务窗口建设，对每一个细节都精益求精。在他和同事们的不懈努力下，北汤社区政务服务窗口逐渐完备，辖区企业办事更加方便，切实做到时时有服务，事事有回应，件件有着落。

为进一步建设美丽北汤、生态北汤，营造文明卫生的社区环境，金辉带领社区工作者以及小红星志愿者服务队、青骑兵志愿者服务队等积极开展创建全国文明城市和创建国家卫生城市的工作，充分发挥好一名政协委员在凝聚双创智慧和双创力量中的作用。在宣传方面，利用电子门楣、宣传板等宣传阵地，张贴播放"生态文明同建设美丽沈城齐分享""共创国家卫牛城市提高人民健康水平"等优质宣传标语，营造"人人知创卫、人人参与创卫"的良好氛围。在每一次的巡查整治中，始终发挥政协委员的榜样作用冲锋在前，主动深入重难点点位，清理整治辖区内乱停乱放、乱贴乱画等"十乱"情况，督促落实沿街商铺的"门前三包"，耐心与群众沟通协商。在夜以继日的奋斗下，辖区环境得到明显改善，居民生活质量得到有效提高，进一步提高了北汤社区营商环境硬实力。

营造和谐氛围，增强营商环境软实力

习近平总书记强调，"解决问题的宗旨就是为人民服务"。要优化营商环境，营造社区、企业、群众共同参与社区建设的良好氛围必不可少。为此，金辉经常带领北汤社区联合北汤温泉小镇·北汤会、北汤颐养中心等辖区企业开展丰富多彩的活动，取得了良好成效。经过"九九话重阳·感恩在我心"重阳节主题教育活动、"迎中秋·庆国庆"北汤邻里节百姓联欢会等活动，辖区企业与居民增进了理解，形成了凝聚力与向心力，共同携手构建完善共建共治共享的北汤社区。

面对新冠疫情，社区作为疫情防控的第一道防线，对保障辖区居民身体健康安全、维护辖区企业正常经营有至关重要的作用。金辉始终全力奋战在疫情防控第一线，坚守岗位，确保做到不漏一户、不漏一人，用心服务企业与群众，以实际行动为大家带来携手打赢疫情防控阻击战的信心。为方便辖区企业员工接种疫苗，筑起免疫屏障，金辉积极联系医院到企业进行集中接种，保障企业员工的健康安全。在疫情核查中，与辖区内企业及时有效沟通，帮助企业了解重点管控地区、重点关注地区情况及管控措施，为企业发展系好"安全带"。

不积跬步，无以至千里。不积小流，无以成江海。优化营商环境需要久久为功，持之以恒。在以后的工作中，金辉将进一步发挥好政协委员在优化营商环境中的力量，带领全体社区工作者做好做细做实政务服务工作，打通优化营商环境"最后一公里"。真正做到用服务成果讲好沈北故事，以实际行动推动辽宁振兴发展取得新突破。

思考题

每个大学生毕业后都会在不同岗位上从事不同工作，我们该如何看待"没有平凡的岗位，只有平凡的业绩"这句话？未来你将如何去做？

四　爱岗敬业人物

【知识点】爱岗与敬业相辅相成，爱岗是敬业的基础，敬业是爱岗的升华。不论在什么岗位、做什么工作，都要坚持爱岗敬业的精神，坚持干一行爱一行，秉承严格、认真、专业的职业操守。当前，大学生职业观和职业伦理方面的教育较少，个人主义、享乐主义和虚无主义等思想对年轻一代造成较大冲击。在课程中，可以爱岗敬业为角度，通过身边真实的案例，培养学生的爱岗敬业精神，指引大学生树立正确的职业观与择业观。知识经济时代下的人才竞争已经成为国家竞争的焦点，人才仅有专业知识是不够的，正确、积极的职业价值观与爱岗敬业精神的教育也不可或缺。将爱岗敬业与高校思政教育工作相结合，通过职业观、价值观教育丰富大学生的精神世界，培养其形成正确、良好的职业道德，为社会培养国家和社会所需要的高素质、优质人才。

案例八：永葆初心 创业路上热血满怀

〖**思政课程结合**〗 大学不是象牙塔，大学生学习专业理论知识的根本目的在于学以致用、经世济民。目前，高校教育和高校研究出现了理论与实践脱节的倾向。特别是一些社会科学类学科，高校教育重理论学习轻实践环节的倾向突出，导致学生实践性和创新能力不足，缺乏理论灵活运用能力。习近平总书记在哲学社会科学工作座谈会上指出，要按照立足中国、借鉴国外，挖掘历史、把握当代，关怀人类、面向未来的思路，着力构建中国特色哲学社会科学，在指导思想、学科体系、学术体系、话语体系等方面充分体现中国特色、中国风格、中国气派。根据习近平总书记的指示精神，我国高等教育应该加快构建具有中国特色的哲学社科学科体系、学术体系和话语体系。高等教育必须与国家战略、区域现实问题、真实问题结合。要有意识地引导学生对社会现实热点问题的关注，要深入社会基层了解真实的社会，培养学生经世济民的情怀。学科无优劣，职业无贵贱，特别是要引导培养农业、经济等相关专业大学生的"三农"情怀，推动引导学生将自己的专业知识与聪明才智投入乡村全面振兴的伟大事业，增强自身的使命感和责任感。本案例中的禾丰食品有限公司的创始人金卫东心怀"实干救国、实业兴邦"的志向投身农业发展，将自己所学的知识投入实际经济发展，通过实际行动践行"知行合一、实业报国"。同时，在疫情防控期间，禾丰捐资抗疫，履行了一个企业的社会责任。

禾丰食品股份有限公司（以下简称禾丰）董事长金卫东是一位爱国者，强烈的爱国精神使他创办了民族饲料品牌，这是他的初心。禾丰创立后，他及其所领导的企业从未忘记以"天下兴亡，匹夫有责，创造价值，实业兴邦"为己任的创业初衷，为中国民族饲料工业的发展壮大做出了突出贡献。

沈北新区辉山大街 169 号，这里是禾丰工业园，也是禾丰食品的总部所在地。董事长金卫东是禾丰的核心创始人，他读书期间品学兼优，获得了生理生化专业硕士学位，是首批国家自然基金项目获得者。

金卫东在 1991 年辞职"下海"，先后在深圳、北京、武汉外资企业担任要职；1995 年，金卫东放弃在外资企业的高职位和月薪，带领当时的同事朋友一起创业。回到沈阳创办禾丰。他是禾丰事业繁荣强盛的领航者，他用自己美好的品格给企业注入了灵魂，引领企业不断发展。

不忘初心、实业兴邦。金卫东是一位爱国者，他强烈的爱国主义精神是他创办禾丰的初心。在开创禾丰事业之前，金卫东在外资企业工作，他看到民族饲料企业在外国资本的倾轧下艰难求生，于是立志要"振兴民族饲料工业，志创中国饲料名牌"，决心与外资企业展开竞争，打破外资公司对我国饲料行业高技术产品的垄断。

同心戮力、成果共享

作为禾丰的创始股东，金卫东拥有的股份不足 20%，这是因为自创业以来，金卫东不断拿出自己的股份，分享给企业的重要管理者，让他们成为禾丰真正的创业伙伴，共享企业的成长。禾丰成立 20 周年的时候金卫东创作了一首诗，名为《创业感怀》，开头是这样写的："一九九五春意昂，七子奋然启新航。十八英才缤纷至，五十俊杰比肩王。"所谓"十八英才""五十俊杰"就是指禾丰发展的第一批、第二批股东。

在禾丰的核心价值观中，共赢是重要的组成部分。禾丰的共赢对外体现为合作，对内则体现为分享。作为企业的掌舵者，金卫东自然是率先垂范。集团针对管理者的股份转让、分公司持股无一不是以金卫东为主提出并推动的。这也与他"人才是禾丰的第一资源"的观点一脉相承。他重才惜才，中高层管理者基本从企业内部选拔和培养，享受多种激励政策，所以这些管理者能保持较高的稳定性，这也是他管理才能的体现。

勇于担当、广为认可

金卫东担任中国饲料工业协会副会长、中国畜牧业协会副会长、辽宁省饲料协会会长、沈阳市总商会海城商会会长，先后兼任北京大学、清华大学 MBA 面试官和 MBA 班班主任，任中国海洋大学、中国人民大学、东北农业大学等多所高等院校客座教授。他经常应邀到全国各大学给学生作创业报告，得到师生的一致好评。2018 年，金卫东获得科技部"科技创新创业人才"称号，2019 年入选国家第四批"国家万人计划科技创业领军人才"，2020 年获评全国劳动模范。

禾丰自创办以来，一直对公益事业有诸多奉献。凡力所能及，金卫东必定全力以赴，不计任何名利。禾丰已在黑龙江、辽宁等地援建多所希望小学、中学。连续十年向沈阳教育基金会捐资，用于资助贫困学生。2012 年，金卫东个人捐资 1000 万元给沈阳农业大学用于体育馆建设，并带动管理团队捐资助学累计 2000 余万元。2020 年抗击疫情期间，金卫东带动禾丰的管理者和员工捐款超过 1200 万元。

作为企业领航者，金卫东无疑是勤勉敬业的，他始终在企业经营最前线，事事身体力行，时时率先垂范，夙夜在公，风雨无阻，一直用榜样的力量感召、引领禾丰管理团队不忘初心、不断创新、不懈创业。他也是一名诚信经营、坚守正道的新时代儒商，作为禾丰的董事长，他始终告诫管理者要"行得正，做得正"，并以身作则，多年来商海打拼，无论在商界还是其他领域，他都具有良好的口碑，他的学识、为人以及奋斗精神，受人尊敬，广受赞誉。

思考题

在外部经济形势不景气的背景下，大量大学生对未来迷茫、消极，你从金卫东的选择和禾丰的发展成长中可以获得哪些感悟？

五　工匠精神传承人物

【知识点】工匠精神是一种职业精神、职业品质，其基本的内涵是"敬业、专注、精益求精"。探索工匠精神是培养大学生职业精神与工作态度的需要。在大学生教育特别是理工科类专业课程中，通过案例培养学生精益求精的大国工匠精神,将职业精神与国家振兴结合,将工匠精神中的"爱国、敬业、奉献"元素与国家队高校人才培养的要求结合。特别是辽宁作为老工业基地,身边存在大量的"工匠精神典型人物",可通过案例引入、工匠人物进课堂等形式,促使学生将工匠精神与自身的专业结合,形成爱国敬业、精益求精的内驱力。

案例九：匠心传承　民间剪纸技艺巧手助力沈阳文化振兴

〖**思政课程结合**〗 党的十八大以来,习近平总书记多次谈到非物质文化遗产的保护与传承,习近平总书记在绥德县非物质文化遗产陈列馆参观时指出,民间艺术是中华民族的宝贵财富,保护好、传承好、利用好老祖宗留下来的这些宝贝,对延续历史文脉、建设社会主义文化强国具有重要意义。王玉芬作为我们身边工匠精神和传统文化传承的典范,作为大学生,应该学习她敬业、求真、精益求精的精神,并将这种工匠精神传承到学习和工作中。可以采取多种形式：其一,有意识地开展中华优秀传统文化相关的实践活动,将中华优秀传统文化融入各类实践活动,如大学生假期的社会实践、课外实践、参观文化馆、观看民族器乐表演等,给学生们提供与民族元素近距离接触的机会。其二,在中国传统节日举办相应的文化活动。高校可以在传统节日庆典期间阐释节日的形成过程及相应的习俗,激发学生兴趣,引导他们深入了解传统节日中的家国情怀。例如围绕"百善孝为先""孝与廉"等主题，举办中华优秀传统文化报告会、主题道德讲堂等活动，将中华优秀传统文化融入大学生的日常学习生活。其三，定期或不定期举办以中华优秀传统文化为核心的特色活动，如故事会、演讲比赛等，增强传统文化学习的乐趣。

　　文化是城市的根和魂，推动沈阳全面振兴全方位振兴，离不开文化振兴，王玉芬从艺60余年一直为沈阳文化振兴贡献着力量。

　　剪纸作为中国一项世界非物质文化遗产，被称为"刀尖儿上的艺术"，经过千百年的发展，剪纸艺术在无数手工艺人的发展推动下，呈现出百花齐放的局面。在沈阳市非物质文化遗产项目中，有不少是剪纸类的，但能够创作大型剪纸作品人的却为数不多，王玉芬便是其中之一。

　　王玉芬从小接触剪纸技艺，12岁正式随母亲学习剪纸和绣花。她的剪纸创作随着国家经济发展和社会审美观的变化而不断地推陈出新。她用高超的剪纸技艺，向人们展示了对美好生活的向往与祝福，表达了对家乡沈阳这片热土的一片深情，同时也希望吸引更多的沈阳人关注家乡的历史和文化，推动沈阳的文化发展。2002年她创作了大型剪纸作品《华夏祥龙图》，长4米，宽1.2米，画面有九条巨龙，形态各异，气势非凡，既表达了对祖国经济腾飞的美好祝愿，也表达了最基层百姓对美好生活的向往。她在2003年创作的长10.8米、宽1.2

米的作品《炎帝万岁宝龙图》为百条巨龙百姿百态，飞舞翻腾，底部为万里长城托举天安门，上方还特意设计了申奥会徽，深刻表达了对祖国申办奥运会的美好祝愿和对国富民强的真诚期盼。

自 2002 年以来，她的剪纸技艺先后被省、市及中央电视台等多家媒体报道。2007 年 2 月，被评为"沈阳市非物质文化遗产名录剪纸项目传承人"。2008 年 2 月，被评为"中国民间艺术名家指南"入刊艺术家。2012 年，在迎接党的十八大胜利召开公益书画剪纸展中，多幅作品入选"中国当代艺术名家大典"并获金奖。2014 年荣获"2014 年北京 APEC 峰会最具影响力的剪纸艺术家"称号。2015 年 5 月，被聘为中国传统文化诗书画协会理事。2016 年 8 月，在巴西里约奥运会中国当代书画名家精品展中，获得了"走向世界的中国当代书画名家最高荣誉成就奖"。2018 年，被评为"中国国宾礼特供剪纸艺术家"称号。2020 年，被认定为"国家高级工艺美术培训师"。截至 2021 年，王玉芬获得的国家级各项荣誉、资格证书、聘书等已达 30 余项。

2008 年，王玉芬当选苏家屯区政协委员以来，2010—2014 年，连续三年被评为优秀提案委员，两年被评为优秀政协委员。她积极履职尽责、主动围绕自己所接触、群众所关心的课题开展调研，就公共文化人才队伍建设、乡村文化振兴等方面积极建言献策。此外，她始终遵循习近平总书记指引的方向笃定前行，为使中华优秀传统文化和剪纸技艺不断发扬光大，在冬青社区成立了创作室，定期开展剪纸技艺培训，面向群众义务传授剪纸技艺、宣传剪纸艺术及传统文化，培养了许多爱好者。她亲授弟子十余人，其中有三位大学毕业后到意大利、加拿大、澳大利亚参加工作后，利用业余时间或春节等喜庆节日，宣传展示中华优秀传统文化和剪纸技艺。

王玉芬说："剪纸是老一辈人传承下来的优秀民间技艺，是非遗文化中的瑰宝，我希望能把它顺利地传承下去，活到老剪到老，把剪纸艺术进行到底，只要能动一天，就干一天，一步一个脚印，为剪纸艺术的发展、为沈阳文化振兴贡献自己的一份力量。"

思考题

你认为什么是工匠精神？工匠精神对社会科学学科的学生重要吗？

4

百舸争流

——沈阳企业成长

【知识点】

　　企业是市场的主体，是社会生产力的基本载体，是社会财富的创造者，是经济发展的动力源泉，承载着我国经济高质量可持续发展的重任。坚持真实问题导向，从沈阳企业成长发展历程与成果经验出发，引发学生对现代企业发展趋势、发展模式、企业对区域振兴作用等方面的问题进行深入思考。振兴东北老工业基地战略实施以来，沈阳强化企业创新主体地位，深入推进供给侧结构性改革，增强各类型企业发展的平衡性和协调性，深化产学研用结合。沈阳企业在很多领域和关键环节推出一批改革举措，增强核心竞争力，强化创新引领，在提升东北经济、促进东北振兴发展方面发挥了重要作用。

一 国之重器——沈阳国家重点装备企业

【知识点】《中国制造 2025》提出，通过"三步走"战略实现制造强国的目标：到 2025 年迈入制造强国行列；到 2035 年制造业整体达到世界制造强国阵营中等水平；到新中国成立一百年时，制造业大国地位更加巩固，综合实力进入世界制造强国前列。以国家建设对重大技术装备的需求为目标，大力发展重点装备制造业。东北地区作为我国重大装备业基地，一直为实现《中国制造 2025》规划目标持续做出重要贡献，通过技术创新摆脱关键领域依赖外国技术的困境。

案例一：沈阳黎明公司

〔**思政课程结合**〕 航空装备是国家现代化的重要标志，是国家安全和民族复兴的重要支撑。在党中央的坚强领导下，沈阳多家航天工业企业一路风雨兼程，为我国在航空装备制造领域取得了一个又一个重大突破。通过学习这些案例，引导青年学子致力于钻研先进技术，增强自身科研创新能力，积极学习航天相关知识，投身航天相关活动，为中国航空事业贡献力量。

沈阳黎明航空发动机有限责任公司（以下简称黎明公司）成立于风起云涌的时代，更有着波澜壮阔的历史，它的成长史就是一部共和国航天事业发展的简史。伟大的足迹见证了伟大的事业，肩负民族复兴的伟大事业，在新的历史机遇下，黎明公司不负众望，携手沈阳走向更光明的未来。

"学史可以看成败、鉴得失、知兴替。"这告诫我们要牢记历史，从历史发展中汲取营养。在沈阳这片历史悠久的土地上孕育萌发了这样一家踏过百年征程的企业——中国航发沈阳黎明航空发动机有限责任公司。

时光回溯到一百年前的 20 世纪 20 年代前后，东塔脚下这片土地历经了奉天军械厂、东三省兵工厂、奉天造兵所、兵工署第 90 工厂变迁。1948 年 11 月 2 日，沈阳解放，工厂回到了党和人民的怀抱。1954 年国营 410 厂建厂，1954—1955 年，来自祖国四面八方的 8883 名第一代创业者，响应党和毛主席的号召来到沈阳，自力更生、奋发图强，投身到新中国第一座航空喷气式发动机工厂建设中。也是在这一年，这里迎来了航空发动机历史上崭新的春天，仅用 101 天和 66

天就完成了两大主体厂房的土建工程，在人拉肩扛的年代，创造了奇迹。国家打开国库支援工厂建设，只要生产出飞机发动机，设备随便挑，挑完了再算账。1956年10月，仅用了一年半，410厂基础建设全部完工，建成了新中国第一个喷气式航空发动机工厂。1954—1965年，第一代创业者在满目疮痍的旧工厂上"白天进厂房、夜晚进课堂、吃饭在食堂"，在极为艰苦的环境下，完成了基础建设、型号仿制和改进改型。涡喷5发动机作为新中国第一代第一种国产涡喷发动机，是一种离心式、单转子、带加力式航空发动机，是当时世界上最先进的航空发动机。首台涡喷5发动机在1956年6月2日试制成功，开始投入批量生产，黎明公司因此被誉为"新中国喷气式航空发动机的摇篮"，新中国航空发动机产业从此进入喷气时代。

老照片记录了公司成立后筚路蓝缕、栉风沐雨的发展历程，更记录了黎明公司与新中国共同成长的难忘岁月。作为新中国第一家航空涡轮喷气发动机制造企业，黎明始终承载着国家与人民对祖国航空动力事业的期盼与厚望。毛泽东、刘少奇、邓小平、胡锦涛、习近平等党和国家领导人都曾在这里留下足迹。

伟大的事业，是没有一蹴而就的。在2020年这极不平凡的一年，黎明公司咬紧牙关顶住困难挑战，用超常拼搏坚守主责主业，实现了疫情防控和科研生产双统筹、双胜利。征途漫漫，唯有奋斗。2021—2025年是公司打赢科研生产重点任务攻坚战，推动航空发动机上台阶、上批量的关键五年；是打好创新超越攻坚战，突破新一代具有世界先进水平航空发动机关键技术的关键五年；是打响质量管理水平提升攻坚战，打造过硬质量品牌、扭转严峻形势的关键五年；是打好自主研发能力建设攻坚战，实现自主创新战略转型的关键五年；是打胜深化改革攻坚战，加快对标世界一流、壮大发展新动能的关键五年。

历史车轮滚滚向前，时代潮流浩浩荡荡。面对全面实施振兴东北老工业基地的重要战略机遇，黎明公司与沈阳同行，正见证着沈阳之变、感受着沈阳之好。

思考题

分析航空工业在国家发展中的作用，搜索资料谈谈我国航空工业的发展现状和未来发展方向。

案例二：沈阳航天三菱汽车发动机制造有限公司

〖**思政课程结合**〗从政治上来看，发展重工业是维护国家安全的前提；从经济逻辑来看，重工业可以为其他产业提供支持，也可以作为其他类型工业发展的基础。在变化的世界格局面前，中国制定"十四五"规划，其中对于工业的规划尤其引人注意。无工业，不强国，通过学习引导学生充分认识工业的作用，全面了解沈阳重工业企业的光荣使命和重要任务。

在改革开放初期，中国汽车工业关键技术自主研发能力十分薄弱，各汽车厂商纷纷尝试引进、消化外国先进技术的发展道路。与此同时，随着国家"军民一体化"政策的不断深入，国防科技工业逐步推进军民结合。沈阳航天三菱汽车发动机制造有限公司（以下简称航天三菱）正是在这样的背景下，开启了促进中国汽车工业振兴的征程。

1996 年 8 月 26 日，航天三菱发动机项目协议签字仪式在北京人民大会堂举行，时任国务院总理李鹏、副总理朱镕基、马来西亚总理马哈蒂尔出席签字仪式。1997 年 8 月 12 日，航天三菱正式成立，公司坐落于沈阳市大东区东塔街 3 号，生产 4G6 系列发动机，具备年产 15 万台发动机的能力。

航天三菱的出现，弥补了当时国内发动机市场的空白，使众多自主汽车品牌有了"心"的依靠。从沈阳发出的满载航天三菱发动机的货车每天驶向全国各地，长城、比亚迪、吉利、柳汽、北汽、奇瑞、华晨、东南、长丰……这些耳熟能详的自主品牌车企，均有着与航天三菱的不解之缘。

2002 年，我国汽车产量超过韩国，居世界第 5 位。航天三菱的订单，也从这个时期开始不断增加，东塔工厂的产能逐渐难以满足市场增长的需求。2003 年，航天三菱着手建设浑南新工厂以扩大产能。2006 年，浑南工厂正式投入使用，公司具备了年产 30 万台发动机的能力。同年，航天三菱自主研发的工业用发动机实现向美国出口。借助新工厂落成的东风，航天三菱于 2007 年引进 4A9 系列小排量发动机，助力开拓市场。

凭借着技术领先、成本占有、质量过硬的优势，航天三菱的产品进一步得到了客户的认可，销量节节攀升。2009 年，我国汽车产量 1379 万辆，超过了第二名日本和第三名美国的产量之和，成为全球汽车生产第一大国。与此同时，航天三菱也迎来了第 100 万台发动机的下线。这 100 万台发动机，从无到有，航天三菱用了整整 13 年。这 13 年，是航天三菱与中国汽车工业同呼吸、共命运的 13 年；这 13 年，也是航天三菱陪伴中国自主品牌车企经历从小到大、从弱到强的 13 年。

2012 年，随着国民消费能力的提升以及产业政策的支持，我国民族品牌汽车销量高速增长。这一年，航天三菱的产品累计销量突破 200 万台。从 2009 年的第一个 100 万台，到 2012 年的第二个 100 万台，3 年与 13 年，同样的百万销量所历经的不同的时间跨度，是当时火爆的国内汽车市场的缩影。之后，航天三菱一路高歌，捷报频传，以每两年 100 万台的销售业绩，不断刷新纪录。截至 2021 年，航天三菱的汽车发动机产品累计销量已突破 600 万台，累计纳税超过 50 亿元，为沈阳市经济发展做出了贡献。多年来，航天三菱获得全国绿色工厂、全国安全文化建设示范企业、2018—2019 年度全国企业文化优秀成果一等奖、全国模范职工之家等荣誉称号。成绩的背后，诠释的是航天三菱全体员工多年来的众志成城、砥砺奋进与忠诚担当。

近年来，随着产业政策的调整、发动机新技术的涌入、中美贸易摩擦持续升温，叠加新冠疫情冲击以及芯片短缺等因素影响，以传统内燃机为主营产品的航天三菱遭受冲击，航天三菱未来发展之路充满了挑战。面对困难，航天三菱员工没有退缩，按照"生产一代、试制一代、预研一代"的产品升级换代模式，公司大力推进企业转型升级。2021年6月，航天三菱与国创氢能签署长期战略合作框架协议，积极布局氢燃料电池产业，为应对国家"双碳"目标下传统汽车动力的市场变革做好充分准备。

当前，新一轮汽车工业改革大潮正恢宏展开，借着沈阳市持续优化营商环境的东风，航天三菱人一如既往地改革创新、艰苦奋斗，把对美好生活的希冀转化为行动，奋楫扬帆、劈波斩浪，用奋斗成就使命，用担当承载梦想，用实干开创未来，以昂扬姿态再创航天三菱新的辉煌。

思考题

如果不重视重工业，国家发展中会遇到哪些问题？举例说明重工业与其他产业之间的关系。

案例三：沈鼓集团

〖**思政课程结合**〗近年来，自主核心技术缺失，导致很多企业受制于人，只能局限于价格、外观设计、应用设计的竞争，陷入恶性价格战，与此同时某些企业靠核心技术在市场中独占先机。对一个企业如此，对一个国家而言也是一样，只有研发出具有自主知识产权的核心技术才能在全球市场竞争中获得领先。应引导青年学子坚定敢为人先的意识，主动关注和学习专利等反映各领域发展趋势的技术信息，坚持知识产权原则。

2007 年，沈阳市政协委员、沈阳鼓风机集团齿轮压缩机有限公司党委副书记、副总经理梅玉入职沈阳鼓风机集团股份有限公司（以下简称沈鼓集团）。当时的沈鼓集团按照国家有关振兴东北老工业基地的部署，完成了与沈阳水泵、沈阳气体压缩机两家企业的战略重组，从铁西区云峰街狭小的厂区搬迁到经济技术开发区内现代化的通用装备制造基地。主要从事离心压缩机、轴流压缩机、膨胀机、鼓风机、通风机、往复式压缩机、核电用泵、石化用泵、蒸汽轮机等产品的研发、设计、制造和服务业务，担负着为石油、化工、空分、电力、冶金、环保、国防等关系国计民生的重大工程项目提供国产装备的任务。

在沈鼓集团，强烈的主人翁意识支撑着她。2008 年，梅玉第一次参加沈鼓集团承制百万吨乙烯装置三套压缩机组的开工大会。沈鼓人气势如虹，由无数蓝色工装绘就的画面仿佛大海般波澜壮阔。师傅告诉她，乙烯裂解气压缩机组设备是乙烯裂解装置的"心脏"，能够为装置提供动力，对乙烯的生产能力具有重大影响。沈鼓集团研制百万吨乙烯裂解气压缩机组，将成为载入中国装备制造业史册的人事件。它不仅能替代进口，维护了国家的经济安全和战略安全，也标志着我国民族工业迈上一个新台阶。

我国是一个"缺油、少气、富煤"的国家，发展煤炭深加工是我国减少对进口石油和天然气的依赖和调整能源结构的重要选择。压缩机组是为整个煤化工工艺流程提供动力的"心脏设备"。在国内煤化工项目中，需要大量 10 万等级空分压缩机组，然而，其核心技术长期被少数外国公司所垄断。我国大型空分装置压缩机组全部依赖进口。10 万空分压缩机组的国产化不仅可以为国家和用户节省大量投资，更关系到国民经济的安全。

早在十几年前，沈鼓集团就致力于大型空分装置压缩机的开发。先后开发了 3.5 万空分装置空压机、5 万空分装置多轴多级齿轮组装式增压机样机，并先后向用户成功提供了 4 万、5.2 万空分装置用压缩机组，为研制 10 万空分空气压缩机组做了充分的技术储备。

2015 年 6 月，在沈鼓营口试验基地，由沈鼓集团自主研发的我国首套国产 10 万 Nm^3/h 空分装置压缩机组圆满完成全负荷性能试验。该机组各项机械性能及气动性能指标均达到国际先进水平，充分体现了沈鼓人的创新精神和严谨的科学态度。

从改革开放之初的几千万产值到如今的百亿产值，从长输管线压缩机、百万吨乙烯压缩机到 10 万空分压缩机等，沈鼓集团发生了翻天覆地的变化，但不变的是沈鼓人对国产重大装备核心技术的赤诚追求，不变的是沈鼓人面对困难挑战敢于亮剑的果敢决心。

为了满足企业多元化发展的战略需要，沈鼓集团先后建成核泵国产化研发生产基地、营口装备制造产业基地、军工能力建设项目、核电主泵多功能全流量试验台等。成为国内加工能力最强、试验等级最高、试验手段最完善、起吊能力最大的离心压缩机、泵类、往复压缩机试验、研发、生产基地。

沈鼓集团素有"人才沃土，劳模摇篮"的美誉，为每一名敢于追梦的员工提供施展才华的舞台。杨建华、徐强、"五朵金花"、姜妍等一批典型人物的先进事迹，在全国上下引起强烈反响，为东北老工业基地振兴赢得了巨大荣耀。

得益于沈鼓集团这片沃土的滋养和坚实厚重的文化熏陶，梅玉从一名青涩的海归学生逐渐成长为本土化的管理干部。在党组织和企业的培养下，她先后获得了辽宁省优秀共青团干部、辽宁省五一劳动奖章，当选第十五届沈阳市政协委员。她说她很幸运，和许多沈鼓人一样，能够将青春最美好的时光与沈鼓故事连接在一起，将个人梦与沈鼓梦、中国梦连接在一起，将赤子情怀和沈鼓集团"大国重器"的内涵连接在一起。她怀着一颗感恩的心，感谢沈鼓给予她的一切。

多年来，沈鼓集团用一大批重大国产技术装备为中国能源化工行业的重大工程和重点项目提供了强有力的支撑，挺起中国装备制造业的脊梁。今天，沈鼓集团已经踏上改革创新发展的新征程。

思考题

一个国家如果在关键产业领域缺乏自主核心技术会遇到什么发展问题？讨论可以采取哪些积极措施推动自主核心技术的研发与实践。

二　中流砥柱——沈阳国有企业转型发展

【知识点】国有企业改革是我国经济高质量发展过程中的重要一环，能有效提升国有企业经营效率，激发市场活力，促进我国现代化市场经济体系建设。2020 年 6 月，中央全面深化改革委员会第十四次会议审议通过《国企改革三年行动方案（2020—2022 年）》。方案明确指出，国有企业改革要坚持和加强党对国有企业的全面领导，坚持和完善基本经济制度，坚持社会主义市场经济改革方向，抓重点、补短板、强弱项，推进国有经济布局优化和结构调整，增强国有经济竞争力、创新力、控制力、影响力、抗风险能力。

案例四：东北制药集团

〖**思政课程结合**〗国有企业作为市场经济改革的典型代表，经历了曲折的发展历程，但也以壮士断腕的勇气完成了浴火重生，和国家发展一起走向更加光明的未来。迎接新时代的挑战，中国很多国有企业正在不断进取，朝着"世界一流企业"的目标阔步前进。了解这些国有企业曲折又坚定的转型过程，将使青年学子充分意识到国有企业在国家经济发展中的重要作用，了解到自身应树立持续学习的理念，与国家、企业共成长，增强使命感与荣誉感。

这是一个沈阳老国有企业焕发新生机的故事，它拥有 75 年的历史，被誉为我国民族制药工业的摇篮，是沈阳市唯一混合所有制改革试点企业——东北制药。

翻开中国制药工业历史,会发现东北制药占据着十分重要的位置。

1946 年 9 月 1 日，东北卫生技术厂带着深深的红色烙印，在佳木斯市的松花江畔正式开工生产，它就是东北制药的前身，三年后，迁至沈阳，是中国共产党在解放东北期间创建的第一个红色制药工厂。

东北制药曾援建全国 19 个省份 52 家医药企业，输送各类干部人才 1300 多人，有着"我国民族制药工业摇篮"的美誉。它创造了新中国制药工业一个又一个的新纪录：除了"一白一黑"，20世纪50年代，东北制药还试产成功国内第一个工业化生产的合成抗疟药；建成投产国内第一个化学合成抗生素合霉素车间；此后，还诞生了维生素C、氯霉素、维生素A、丙炔醇、盐酸金刚烷胺、化学全合成盐酸黄连素等多个"中国第一"，不仅填补了国内空白，更满足了人民群众的用药需求。

中国化学制药工业企业第一位工程院院士、被誉为"中国头孢第一人"的安静娴，更是将其一生奉献给了东北制药。

东北制药的身上有着太多闪耀的光环，"为国制药"更是成为东北制药铿锵有力的誓言。

一路走来，东北制药虽交织光荣与梦想，但也饱受阵痛与困扰。

进入市场经济后，受思想观念僵化、体制机制落后、历史包袱沉重等一系列因素掣肘，东北制药和许多老国有企业一样，陷入了困顿，出现连年巨额亏损。

抱残守缺无出路，唯有改革能向前。2018年，东北制药在党的十九大精神指引下，在辽宁省委、省政府和沈阳市委、市政府的大力支持下，成功引入战略投资者辽宁方大集团，全面植入辽宁方大集团"敬畏制度、严格执行"的管理方式、"全面覆盖、全程监管"的风控体系，以及"干到给到、共建共享"的激励机制等一整套完全市场化、规范化、精细化的管理手段，从源头破解老国有企业经营痼疾，开启了破除体制机制障碍的"破茧成蝶"之路。

"方大发展为了员工，方大发展依靠员工，方大发展成果由员工共享"，"员工对美好生活的向往就是企业的奋斗目标"。混改后，东北制药员工人均月收入同比增长 61.81%，并在原有的五险一金基础上，新增 9 项员工福利，多项福利惠及员工配偶、子女、父母，让员工充分共享企业发展成果。

在辽宁方大集团"党建为魂"企业文化的引领下，党的领导作用不断强化，党员争当模范发挥带头作用，东北制药全体干部员工的凝聚力和战斗力不断提升，企业运行质量和经济效益显著提升。混改当年营收、净利润比混改前同期分别增长 31.54%、64.04%，规模指标、利润总额均创历史新高。

混改以来，全国政协副主席李斌、国务院国企改革工作落实情况专项督查组、中国东北振兴研究院专家、全国政协常委李稻葵、中国经济社会理事会副主席周伯华、联办财经研究院院长许善达等领导先后到公司实地调研，并对公司混改给予了积极评价和充分肯定。时任辽宁省委书记陈求发批示东北制药混改经验，并转发全省。

今天的东北制药，已经站在高质量快速发展的新起点上。

目前，在深入挖掘现有医药品种潜力的同时，东北制药正向干细胞、单抗等国际前沿生物创新药领域进军，形成"创新药引领、仿制药跟进"的双创新驱动格局，全面提升产品竞争力和效益水平。

习近平总书记说，"幸福都是奋斗出来的。"东北制药全体干部员工通过混合所有制改革主动自觉地走出舒适区，走向市场、走向竞争，大家相信，一起奋斗，撸起袖子加油干，一定能够创造新的美好生活。

思考题

国有企业改革包括哪些方面？对于国有企业改革问题，如何理解习近平总书记说的"幸福都是奋斗出来的"？

案例五：中国诚通

〖**思政课程结合**〗党的十九大报告指出，我国经济已经从高速增长阶段转向高质量发展阶段。依靠创新驱动高质量发展，是完成建设经济强国的重要任务。2020年10月，《中共中央关于制定国民经济和社会发展第十四个五年规划和二〇三五年远景目标的建议》中提出要以推动高质量发展为主题，以深化供给侧结构性改革为主线，加快建设现代化经济体系。引导大学生充分认识到我国国有企业坚持高质量发展模式的必要性，牢固树立创新发展意识。

中国诚通商品贸易有限公司（以下简称中国诚通）的故事，记录着公司由弱到强、艰辛成长的每一步印记，承载着所有中国诚通人对责任和价值的最好诠释，也见证着沈阳这座东北老工业城市的振兴发展。

转型阵痛

中国诚通成立于 2000 年，前身是物资部直属的中国有色金属材料东北公司，在计划经济时担负着大宗商品生产资料指令性计划的调拨、配送任务。2002 年新班子组建时公司刚刚经历由计划经济向市场经济第一次转型带来的阵痛，公司失去了原有体制的保护，失去了市场的控制权和话语权，从东北有色计划时期的巅峰滑落至了前所未有的谷底。

艰难启程

面临巨大的压力与焦虑，困难与挑战，中国诚通人并没有畏惧和退缩，因为他们坚信，阴影的背后永远是阳光：2002 年，公司提出了"我们决不让雷锋吃亏"的第一期每周一语，在公司勉强保持盈亏平衡的情况下，仍率先在东北地区提出价格公开，表达了不挣不该挣的钱的决心；也正是这一年，公司开始思考，上下游企业为什么愿意同自己合作，企业对上下游企业必须有用，这是公司成长的起点，是责任价值观思想的萌芽。在这一思想指引下，企业走过了艰难的成长历程：2003 年创办东北有色交易市场；2004 年率先在国内为下游客户推出保价销售风险管理服务；2007 年创办东北战略研讨会；2008 年率先在国内推出点价采购服务；2008 年提出顾问式采购的服务理念；2009 年率先在国内倡导与上游客户开展均价长单采购；2015 年公司与中国有色工业协会合作在沈阳开始举办中国有色金属行业"互联网＋大会"，进一步提升了公司行业号召力和影响力，也提升了沈阳市优化营商环境的宣传力和吸引力。

厚积薄发

诚心大于技巧，辛勤耕耘终将结出累累硕果：20 年来，在服务产品不断完善的过程中，公司实现了年均 25％ 的增长，年销售额达百亿元以上，主要经营品种占东北地区市场流通量的 60％，在华北地区、山东地区也名列前茅；荣获了央企的最高荣誉"中央企业先进集体"，公司已成为在行业内具有一定影响力的有色金属流通企业。

20 年来，在服务产品不断完善的过程中，公司完成了有色金属流通企业从标准化操作、业务流程、管理制度、经营理念、宗旨使命的完整闭环，以公司实践为内容的《浅谈国有流通企业全面风险管理》《以沉浸式学习提升自我领导力》刊登于中央党校主办的《中国领导科学》杂志；公司已经初步形成平台化运营的基础：一流的业务基础、管理基础、环境基础、文化基础和团队基础。可以说，中国诚通已经站在国内大宗商品转型的第一梯队。

续写华章

20 年来，公司在做实企业价值、践行央企责任的过程中不仅实现了高质量发展，并且确立了"共建全国有色金属统一、公开、透明市场"的企业使命；逐步明确了"成为能够为行业提供全供应链集成式服务的全国有色金属流通服务平台"的战略目标。在国家物流集团即将成立的大背景下，集团明确了公司作为全国有色金属流通服务平台的总部地位——"中国易有色平台"，并给予公司中字头的名称——"中国诚通商品贸易有限公司"。当前公司正在与上海期货交易积极研究有色金属报价专区、上期所北方培训基地建设等方面的合作，服务实体经济发展；正在努力共建集交易平台、服务平台、大数据平台、仓单交易平台为一体的全国有色金属流通服务平台，充分发挥好央企保价稳供的主渠道作用。

思考题

举例谈谈互联网技术如何助力国有企业转型发展。结合你了解的案例，分析互联网助力企业转型的模式有哪些？

三 科技引领——沈阳高新企业

【知识点】科技是第一生产力，只有科技进步才能促进地区经济的长期健康增长。谁能发展好高科技产业，谁就能在未来经济发展中把握先机。我国已提出加快工业互联网、人工智能等信息产业建设，实施基于科技、知识、信息和创新的发展模式，提高企业数字化、网络化、信息化和高技术化程度。整合数据要素，释放数据要素潜力，提高应用能力，高新企业在时代新浪潮里铸造着未来发展的新动力，以智慧科技之光引领区域经济在高质量发展的道路上扬帆起航。

案例六：东软集团

〖思政课程结合〗产学研合作是指企业、科研院所和高等学校之间的合作，通常指以企业为技术需求方与以科研院所或高等学校为技术供给方之间的合作，其实质是促进技术创新所需各种生产要素的有效组合。以科研院所或高等学校科研成果为基础，高新企业可以获得技术创新的持续支持。通过该案例，引导大学生理解产学研关系，树立科学研究可以服务于企业，创造经济与社会价值的观念；鼓励学生努力学习，积极参加学校组织的竞赛与科研活动，争取社会实践机会，为提升区域科技水平做出努力和应有的贡献。

东软集团是沈阳高新技术产业的一张名片，这个源于东北大学的企业始终秉持着创新精神，不断进取，取得了傲人的成绩，已经成为沈阳高质量发展的践行者。它奔腾于改革发展的时代大潮，见证着沈阳转型升级、奋力振兴的变革进程。

在沈阳市委、市政府的关心和支持下，东软集团已成长为中国领先的 IT 解决方案与服务供应商。一路走来，东软集团像一匹脱胎于老工业基地的新兴骏马，见证了沈阳振兴的历程。在创始人刘积仁带领下，东软集团栉风沐雨，深耕 IT 产业。

1991 年，在导师李华天教授的鼓励与支持下，刘积仁带领的科研团队成立了"东北工学院开放软件系统开发公司"，并与日本 ALPINE 株式会社合资成立"沈阳东工阿尔派音软件研究所（有限公司）"。从这一年开始，一个创立于大学的软件企业在沈阳出发了。

20 世纪 90 年代的中国，学者和企业家两者之间有着一道深深的沟壑。连刘积仁本人也未曾想到，未来的自己会成为一个"下海"的教授，并且在商海中获得成功。那个时候，教授"下海"会让人觉得从商是因为教授做得不好，科研做不下去了。在当时，刘积仁也不想"下海"，只是一心想做好科研的他却面临科研资金短缺，科研工作难以为继的困局，迫于无奈才提出要创办公司。对于"大学能否办产业"，东北大学内部也经过了一番激烈的讨论。最后，时任东北大学书记的蒋仲乐先生斩钉截铁地表示："大家不要争论不休，我们可以做一个尝试。如果办砸了，我们永远不办就是了；如果办成了，你就让他办就是了。用实践来证明嘛。"一句"用实践来证明",说服了校里的老师,也给了刘积仁创业的机会。就这样,刘积仁与两位青年教师在东北大学的一间半研究室里,以 3 万元经费、三台 286 电脑,创建了计算机软件与网络工程研究室,试图搭建一个技术转移中心,把科研成果转移到企业,获取充足的科研经费继续做研究。

30 年前,当时的中国还没有软件产业,在重工业基地的沈阳做软件产业被认为是一个笑话,没有市场,没有资本,相关人才都向北京、深圳流动。然而以刘积仁为首的东软初创团队看到的是沈阳的人才培养能力和国家信息化建设的机会,靠梦想、靠人才、靠教育、靠技术,先后在沈阳创建了中国第一个大学科技园、第一个软件园、第一个国家计算机软件工程研究中心、第一家中国的软件上市公司,创造了中国软件产业的许多个"第一"。今天的东软集团在全球拥有近 2 万名员工,是中国软件产业的杰出代表,为中国社会的信息化建设做出了杰出贡献,在国家的社会保障、医疗卫生、电信、电力、金融、电子政务、智慧城市、汽车信息化等领域做了大量的解决方案,在中国自主知识产权软件产业的规模化发展方面走出了一条独特的创新之路。

20 世纪,中国大型医院很少能使用 CT 等重要医学影像装备,少数医院进口设备多为国外淘汰的二手设备,价格昂贵并经常瘫痪,由于看病贵、看不上病,百姓深受其苦。1994 年,东北大学 CT 攻关项目组的首台国产 CT 样机通过国家检测,随后就陷入僵局。因为科研资金短缺,样机成像速度、准确性与国外相比相去甚远,CT 产业化的道路一片黯淡。这时，东北大学校长和CT项目组负责人找到刘积仁，希望他能够接过这个重担。正值东软集团的上市筹备期，东软集团内部很多人对此事投反对票，担心CT投入资金多，研发周期长，可能会成为公司的沉重负担。1995年11月，刘积仁反复权衡，最终决定接下CT项目。1997年，经过两年的投入研发，东软集团成功推出中国第一台具有自主知识产权的CT机并推向市场。随后，东软集团一步一个脚印，持续进行技术创新与突破，今天，东软集团的CT、磁共振、数字X线机、彩超等尖端医疗产品已经遍布美国、意大利、俄罗斯等110多个国家和地区，拥有客户9000余家。

过去的30年，是中国社会巨变的30年，东软集团与员工、客户、合作伙伴、投资者们一起走过，东软集团从无到有，到参与产业的升级、到推动社会的变革。当初不曾预料过，今天的软件行业会如此紧密地与生活融合，变成生活的智趣，变成行业的应用，变成新世界的价值。下一个30年的奇妙，也许不是现在所能预测的，但可以确信的是，东软集团会继续通过软件创造更多超乎想象的惊喜。

思考题

你认为产学研合作对大学和企业发展具有哪些积极的作用？作为大学生，可以为产学研合作做哪些贡献？

案例七：沈阳光大环保科技股份公司

〖**思政课程结合**〗 在世界新一轮科技革命和产业变革同我国转变发展方式的历史交汇期，习近平总书记提出，我国要努力成为世界主要科学中心和创新高地。应积极采用清洁生产技术，采用无害或低害的新工艺、新技术，大力降低原材料和能源消耗，实现少投入、高产出、低污染，尽可能地把对环境污染物的排放消除在生产过程之中，生产环保设备，大力开发绿色产品。以科技赋能产业，大力发展环保绿色相关企业，可为区域发展提供新动能。鼓励大学生结合技术、社会发展方向，积极投身环保领域，重视环保问题，主动采取有利于环境保护的行动，以效率、和谐、持续为目标，建设我们美丽的家园。

2021年6月17日，"北京明白"的话语穿云破日直奔星辰大海；神舟十二号载人飞船成功发射，让中国再一次成为世人瞩目的焦点。全体航天人以"特别能吃苦、特别能战斗、特别能攻关、特别能奉献"的航天精神迎接伟大的中国共产党百年华诞。同一天，也就是6月17日，沈阳光大环保科技股份有限公司，一家地地道道的民营企业，也在这个时刻迎来了自己17岁的生日。说到这里，就不得不提及一位沈阳土生土长的民营企业家——沈阳光大环保科技股份有限公司董事长、辽宁省市容环卫城管执法协会会长、沈阳市工商联执委会委员、沈阳市政协委员、全国优秀企业家张晓光。张晓光毕业于南昌航空大学环境工程专业，分配到沈阳航天 139 厂，2004 年创办公司的他经常说自己与"航空航天"有不解之缘，正是"航空航天"的情怀与精神指引着张晓光和他的企业持之以恒地致力于环保事业的发展。

沈阳光大环保科技股份有限公司成立于 2004 年 6 月，公司总部坐落在辽宁省沈阳市铁西区金谷平台大厦，是一家集环保产品设备的开发、生产、环保工程设计、施工、安装调试、运营管理、环境第三方检测、环境职业培训于一体的环境全产业链综合服务商。2016 年 12 月光大环保在新三板挂牌上市，成功迈入资本市场。

公司成立之初，张晓光和 6 个志同道合的伙伴没有资金、没有人脉，是在所谓的"野蛮环境"下成长起来的。经过几年的发展，随着经验、技术、人才等方面的不断积累，他们开始专注污水治理行业并且一干就是十年。在这十年里，张晓光一直秉承"以诚以信、务实高效，科技第一、质量为本"的经营理念，凭借先进的技术、可靠的质量、诚信的服务先后承揽了北京大兴国际机场污水处理工程等数百个环保项目且全部达到优质标准，是伊利乳业、蒙牛乳业、中国石油、中粮集团、万科地产、双汇集团等中国 500 强企业长期合作伙伴，不仅获得了 50 多项国家专利、示范工程、实用技术，还是省、市两级企业技术中心，省高浓度有机污水处理研究中心，"十三五"水专项辽河项目参与单位，国家级高新技术企业。

如今的光大环保已初具规模，公司的产值、利润也是逐年稳步增长。2018 年纳税额 355 万元，产值 1.7 亿元；2019 年纳税额 462 万元，产值 2.1 亿元；2020 年纳税额达 601 万元，产值 2.7 亿元。随着辽宁省打造"生态宜居"人居环境，着力"突破水、巩固气、治理土"的全面启动，张晓光以敏锐的市场洞察力迅猛出击，把握大势、真抓实干，逐步扩大业务范围：工业废水处理、市政污水处理、垃圾渗滤液处理、农村分散式污水处理；生活垃圾处理、餐厨垃圾处理、畜禽养殖废弃物处理与资源化利用、污泥处置及资源化；土壤污染及地下水修复、生态修复、黑臭水体治理；环保设施的第三方运营管理及企业环境体检服务；环保及环卫设备的生产加工制造，环境第三方检测服务、环保环卫行业人员职业技术培训等。

与此同时，张晓光还深刻认识到企业的发展要注重科技研发，只有不断提高科技创新能力，拥有核心技术和产品才能使企业在长期的市场竞争中占得优势，尤其是得到资本市场的关注和青睐。他们自主开发的耐寒型农村污水处理一体化设备、耐寒型农村垃圾处理设备，已经在盘山县、调兵山、北票、辽阳等多地投入使用，从根本上解决了东北地区冬季气温偏低、设备运行不畅的问题。2017 年 9 月公司成功中标海城水务集团对腾鳌污水处理厂一期改造项目，承担起这一难度颇大的中央环保督察项目。该项目建成后主要以处理园区工业废水为主、生活污水为辅，并采用物化处理与生化处理相结合的工艺，不仅成为工业园区污水处理领域的又一代表工程，还极大地改善了腾鳌经济开发区三通河水质，对改善辽河流域水质和生态平衡也具有十分重要的作用。在开展污泥处置、生活垃圾处理、畜禽粪便处理、垃坡填埋场等工业和市政有机废物的资源化利用与无害化处理方面，通过张晓光和他的团队的不懈努力也取得了巨大的突破，其中具有重大环境保护价值的"干式厌氧发酵"技术部分课题工作已被列入"十三五"国家科技计划，而且公司目前正在实施的沈阳市辽中区畜禽粪污处理中心项目正是对干式厌氧反应器处理能力和效果最好的检验。该项目总投资约 1.1 亿元，占地面积约 42 亩，是实现集原料收集储运、厌氧发酵处理、沼气能源综合利用、沼渣堆肥及高品质有机肥产品开发于一体的综合性示范工程；每年可产生天然气 700 万立方米，所产生的有机肥施用到农田，在增产增效的同时提高农民的收入水平，改善农村人居环境。此外，该项目的实施还将加大对畜禽养殖废弃物处理和资源化利用，解决养殖场的环境污染问题，真正实现区域内农牧结合、种养结合；实现养殖场绿色生态化，粪污处理资源化，绿色肥料农业化，粮食生产安全化。

"创业领头雁，红色当家人"，张晓光作为一名老共产党员积极投入社会公益事业，特别是在 2020 年抗击新冠疫情时，他尽其所能为环卫工人筹集疫情防控物资、按时复工以保证承接的市政污水处理运营项目达标排放，并发挥企业之所长向铁岭市两处医学观察点捐赠污水处理消毒设备及消毒液等。张晓光用实际行动肩负起了一个民营企业家、一个民营企业应有的社会责任与担当。

安于盛世、见证百年，张晓光作为企业的掌舵人赢时思变、顺势而为，将转型升级作为企业实现可持续发展的迫切需要与必然选择。

他带领企业以"直挂云帆济沧海"的魄力与持之以恒的韧劲儿全力打造"品牌光大""品质光大""科技光大""诚信光大"，让"成为最受信赖的环境再生能源综合服务商"变为现实，让美丽"中国梦"，在自然光大人手中绽放。

思考题

请你谈谈绿色发展理念在区域发展中的作用，以及作为大学生如何在日常生活中践行绿色环保理念。

案例八：中国联通沈阳市分公司

〖**思政课程结合**〗 数字经济时代，通信技术及服务的研发与应用是衡量一个国家科技创新水平的重要标志。党中央、国务院高度重视通信产业发展，将通信技术纳入国家科技创新重点领域。当前，世界主要工业发达国家均将"5G""互联网＋"等作为抢占科技产业竞争的前沿和焦点，加紧谋划布局。作为新兴技术的重要载体和现代经济模式的关键支撑手段，"5G""互联网＋"等引领产业数字化发展、智能化升级，不断孕育新产业、新模式、新业态。每年国际和国内都举行很多相关竞赛活动，引导大学生积极参与，提高自身在通信相关领域的知识技能水平。

"通信网就是生命线"，中国联合网络通信有限公司沈阳市分公司（以下简称中国联通沈阳市分公司）作为沈阳地区主导通信服务提供商，在通信抢险重保、抗疫期间优化无线网络、助力沈阳 5G 网络商用、推进沈阳迈向"千兆之城"等方面的担当彰显了中央企业的责任感，作为城市综合发展的基础，中国联通沈阳市分公司一直在行动。

沈阳是东北亚经济圈中心城市，国家新型工业化综合配套改革试验区，工业化、信息化两化融合示范区，先进装备制造业基地，生态宜居之都。沈阳正全面落实国家战略，着力提升城市发展能级，加快推动沈阳从区域中心城市向国家中心城市迈进，争取早日纳入国家中心城市体系，不断开创振兴发展新局面。

信息通信是城市综合发展的基础，中国联通沈阳市分公司作为地区主导通信服务提供商，在"5G""互联网 +"大战略上处于举足轻重的地位。在市政府总体目标指引下，致力于网络基础设施建设与创新变革，践行中央企业担当，全面助力沈阳发展。

通信保障，坚守"通信网就是生命线"

中国联通沈阳市分公司一路走来，以精益求精的精神做好每一次重大活动通信保障，向祖国、向全社会交出了一份份令人满意的答卷。中国联通沈阳市分公司员工始终如一坚守着信念，在各种突发灾难与危机面前，在国家和人民最需要通信的时刻挺身而出，动员一切力量第一时间恢复通信网络，留下最美的逆行背影。

2019 年 4 月 17 日，在沈阳棋盘山景区突发的大面积森林火灾通信抢险重保中，中国联通沈阳市分公司经过 70 多小时奋战，共派出抢修人员 236 人次、抢修车 40 余辆次、新放光缆 46 万米、完成连续光缆 37 条、埋设电杆 16 棵、修复吊线 300 余米、恢复 24 处移动基站及宽带 683 户、联通电视 185 户和固话 350 户。中国联通沈阳市分公司应急保障工作受到中共沈阳市委、市政府、北部战区以及省公司的高度赞扬，中共沈阳市委、市政府、北部战区特发感谢信肯定中国联通沈阳市分公司在救灾保障中的重大贡献。

2021 年 7 月，河南郑州遭遇罕见大暴雨袭击，导致停水、停电、停网，人民群众的生活受到了极大影响。灾情就是命令，重保就是责任。在上级统一部署下，中国联通沈阳市分公司火速集结 5 名技术骨干组成支援队伍，连夜出发跨省支援郑州进行通信重保。支援队伍抵达郑州后就马不停蹄地投入紧张的基站发电工作。他们耐着高温，在潮湿闷热的条件下进行重保，以实际行动彰显了联通人的责任担当，诠释了中国联通沈阳市分公司的铁军精神。

2021 年至今，中国联通沈阳市分公司圆满完成建党百年、工业互联网大会等共计 389 次通信保障任务。尤其在限电大环境下，为保障核心局所和互联网数据中心的供电安全，建立限电保障群，用以监控、协调、调度限电期间的突发停电问题。在建党百年保障中，中国联通沈阳市分公司参与保障人员 2659 人次，重保电路和基站运行稳定，圆满地完成了通信重保任务。

抗疫行动，彰显联通力量

2020 年 1 月 28 日，应辽宁省人民医院的紧急需求——基于无线网络保障在疫情隔离区对新型冠状病毒感染病患进行远程智能监控。中国联通沈阳市分公司 24 小时内即完成对院区内无线网络的全面优化，并配合医院技术人员完成监控平台和监控终端的网络对接测试联调，为与新型冠状病毒战斗的医务工作者们增添了防护利器。

2020 年 2 月 5 日，历经 48 小时奋战，中国联通沈阳市分公司在沈阳市第六人民医院紧急新建沈阳的"方舱"病房的同时，同步建成包括 5G 基站在内的高质量移动网络，用 5G+ 千兆的双保险，以"联通速度"为防疫一线架起通信畅通的桥梁，为火线上的医护工作者们献上抗疫的强力网络保障。

2020 年 2—4 月，中国联通沈阳市分公司发起"停课不停学、联通在行动"大型助学复课公益活动。通过开放带宽资源、免费提供网络和 IPTV 接入（两个月）等四项公益举措，为疫情防控期间广大师生的在线复课提供了优质稳定的学习环境，活动惠及全市近 30 万师生。

2021 年元旦，沈阳联通公司积极响应市委、市政府的号召，承担了全市居家隔离人员网络视频监控摄像头的安装重任。自元旦当日起，组织 14 个区域分公司成立由党员干部牵头的突击攻坚组，夜以继日地奋战在安装调试的第一线，元月即完成了全部摄像监控头及门磁共计 5000 余点位的安装。

5G 扬帆，助力沈阳发展

2020 年 5 月 16 日，中国联通沈阳市分公司成功开通首个 5G 实验网站点。作为国家发展改革委 5G"智慧工业控制"试点，随着首站的在网运行，标志着联通公司在辽沈地区 5G 试验网络商用化的领先起步。开通当日，经过 firstcall 等 15 项测试，基站性能完全达到理论设计标准；测试环境下支持终端流畅播放 4K、8K 超清视频，中国联通沈阳市分公司助力家乡跑进 5G 时代。

2020 年 9 月 9 日，中国联通沈阳市分公司圆满完成 2018 年国际马拉松赛事通信保障工作。沈阳国际马拉松赛吸引了全国乃至世界多个国家和地区共计 2 万余名选手参赛，比赛当天现场约 1.2 万名联通用户使用 4G 网络，产生 4G 数据流量约 5200GB，同时为中央电视台 CCTV5+ 赛事直播提供网络信号保障。当天重保，实现赛事期间 4G、3G 网络零故障、零投诉。最终圆满完成本次通信重保任务，获得马拉松组委会、沈阳市体育局以及中央电视台的积极评价与高度认可。

2021 年 2 月 25 日，辽宁首个"5G 引领、融合媒体"形式的 5G 直播信号回传活动在沈阳世博园开展，吸引大批观众关注体验。本次直播由辽宁广播电视集团（台）、中国联通辽宁省分公司、中国联通沈阳市分公司、广联视通新媒体有限公司，以联通 5G 网络为空间纽带，将灯展"圆梦、如梦、星梦、追梦"的现场画面通过联通 IPTV 超高清频道，以点播形式的 4K 画质传送至千家万户，让暖坐家中的百姓与现场观灯的朋友们共同感受"光射琉璃贯水精，玉虹垂地照天明"的绚丽多彩。此次世博园现场直播信号回传，从信号采集到接收完全使用联通公司的 5G 网络传输，与以往的现场信号传输方式相比，5G 的应用真正解决了 4K 等超高清视频直播业务的延时过大、画面不稳定等问题，本次实验使用的直播信号画面真实清晰，压缩效率高，20Mb 的码流即可实现 4K 的超高清画质质量，同时互动也更为流畅，为融媒体服务提供了极佳的体验感受。

千兆网络，服务百姓有温度

2020 年 12 月 19 日，中国联通沈阳市分公司召开"满意在联通——宽带有速度，服务有温度暨联通千兆宽带·服务品牌升级"发布会。推出了全新的"10010 装维服务标准"并宣布全面完成沈阳市"千兆光网"建设计划，是辽宁首家推出"千兆光网"服务的通信运营商，助力沈阳一步跨入千兆之城的国际先进行列。

2021 年 3 月 24 日，全国首款运营商级安全产品——绿色宽带由中国联通沈阳市分公司率先签约落地。绿色宽带是中国联通辽宁省分公司响应国家网络安全战略，联合 360 企业安全集团共同开发的互联网接入产品，可通过"网页过滤""应用控制""内容审计"等功能，帮助用户提升宽带价值、降低安全风险、杜绝宽带滥用、增强信息安全性，适用于政府、企业、高校等集团级客户。

2021 年 4 月，中国联通沈阳市分公司践行"人民城市人民建、人民城市为人民"理念，公司党委组织全体员工对全市光交接箱开展"树立联通新名片，美化光箱靓沈城"为主题的全量清洁美化活动，同时通过线路改造落地、电交接箱拆除、快速响应"路长制"管理等方式，组织喷涂美化光交接箱 6251 座，拆除电缆交接箱 7756 座、杆路 773 棵，整改光 1796 条，为将沈阳打造成"宜居美丽家园"贡献了力量。

思考题

谈谈你认为 5G 技术在你未来的学习和工作中可以发挥哪些作用。

四 服务为先——沈阳服务业企业

【知识点】党的十九大报告指出："中国特色社会主义进入新时代，我国社会主要矛盾已经转化为人民日益增长的美好生活需要和不平衡不充分的发展之间的矛盾。"2021 年 3 月 7 日，习近平总书记在参加第十三届全国人大四次会议青海代表团审议时强调，把高质量发展同满足人民美好生活需要紧密结合起来，推动高质量发展、创造高品质生活有机结合。为满足人民对更美好生活的不断追求，服务行业以人为本，优化服务质量，差异化服务、定制性服务、线上线下融合式服务等新的服务模式不断涌现。

案例九：沈阳广电

〖**思政课程结合**〗 在高新科技飞速发展的今天，传媒业正发生着重大变革，其表现特征是新媒体的迅速兴起和快速发展，以及传统媒体和新媒体的相互竞争、融合。多样化的媒体平台为大学生提供了更丰富的学习资源，同时滋生了一些虚假不良信息，各种诱惑对大学生产生了负面影响。在媒体信息大爆炸的时代，引导大学生合理认识媒体平台，学会鉴别媒体信息真实性，利用合法合规健康媒体平台辅助学习，冷静规避不良媒体的各种诱惑，健康积极面对生活。

沈阳广电人在党的领导下进一步解放思想、坚定不移地改革创新，持续为沈阳广电行业注入开拓创新的精神动力，激发沈阳广电行业活力，以生生不息的创新和改革精神挺进沈阳广电新时代，以更好的成绩助力沈阳在新时代创造更大的奇迹。

1979—2021 年，沈阳广电作为沈阳市城市发展的参与者、记录者、受益者，在城市建设中不断思考、不断创新、不断改革与发展，携手本地优质资源，共建"智慧城市"大数据平台，推动 5G 联合实验室建设，坚定不移地讲好沈阳故事。

沈阳广电不仅给沈阳人民带来了丰富的娱乐生活，还弘扬了社会主义核心价值观，传播了正能量。为顺应沈阳城市发展，承担每个发展阶段不同的历史使命，沈阳广电的改革创新从未停步。

改革之初，沈阳广电整个沈阳市区和农村电视信号覆盖率较低，一些偏远地区的广大群众收看、收听电视广播都无法保障；同时能收看的频道较少，视频清晰度低，无法满足人民群众日益增长的信息和娱乐需求。

2002 年，为解决广大农民群众听广播、看电视难的问题，在沈阳市委、市政府的统一规划下，沈阳广电启动沈阳市广播电视村村通工程，覆盖全市广大农村用户，解决农村用户收看电视困难的问题。

2003 年，沈阳广电为保障中考、高考的英语听力考试，为广大考生提供了准确、清晰的听力考试播出。尤其是当时正值在"非典"期间，在工期紧任务重的情况下，沈阳广电人全力奋战，提前保质保量完成全市听力考试播出系统的安装和调试工作。

2007 年，沈阳广电全面启动数字化整体转化，整体转换后，有线数字电视的内容更精彩、节目更个性、收视更方便、图像更清晰、频道更丰富。

2013 年全运会期间，全运会高清直播率先在沈阳落地，沈阳用户首次在家中使用高清机顶盒收看全运会直播。

2020 年新冠疫情期间，沈阳广电迅速响应党和国家号召，全力保障重大新闻和防疫信息播出，保证全市居民可以免费和及时地收看到党和国家相关新闻。在保障城区数字电视播出正常的情况下，为沈阳市新民地区用户协调网络资源，保证新民地区用户在疫情防控期间顺利接收信号。同时，为保障全市中小学生在线教学问题，沈阳广电及时推出线上直播课堂和各种免费线上课件点播，赢得广大市民一致好评。

一直以来，沈阳广电在推进理论创新、实践创新、服务创新的同时，不断地创新、探索与实践，在广电技术方面不断更迭、不断创新，取得了一系列令人骄傲的成绩。

2014 年，光纤入户项目在沈阳启动，标志着沈阳广电正式进入全光网时代。

2017 年，沈阳智能电视操作系统发布，其自主可控、安全性高、融合性强、生态链好等特点，真正实现了让用户从看电视到用电视的转变。

2020 年，沈阳广电 IPTV 业务测试完毕，正式开始商业推广，让智能生活走进千家万户。

其中，沈阳广电全网光纤入户工程率先在沈阳市浑南区试点，根据主持推进该项目的邹积辉委员介绍，全光纤入户项目标志着沈阳广电从原来单一的电视节目传输单位向互联网带宽运营商的全面升级。升级后的沈阳广电网络从原来"光纤＋铜缆"升级为"全光纤"，传输方式上更先进、更环保、更节能、扩容更便捷。网络升级后为沈阳广大用户带来最直观的提升就是：节目高清化、内容多样化、操作智能化、服务多元化。原来被动收看电视升级为用户主动点播电视，用户体验直线提升。技术的创新不但带来了沈阳广电业务能力的提升，更加有利于沈阳广电发挥好广播电视的主流媒体舆论引领作用。

同时，沈阳广电根据用户需求的变化，一方面，积极推出高性价比的融合优惠套餐，把有线电视和宽带网络需求相结合，既满足全家娱乐的需求，又兼顾全家上网的便利，真正做到让利于民，实惠百姓。另一方面，根据用户需求积极开发客户端应用软件，启动手机微信营业厅，让用户足不出户即可在线办理开户、续费、报修、购买付费节目等业务，老年用户再也不用跑远路缴费了，年轻用户更是可以在线给自己和父母办理业务，广电线上营业厅一经推出即受到广大用户的拥护，实实在在地提升了服务质量。

回顾历史，展望未来，沈阳广电作为沈阳城市发展的记录者、传播者，将继续以行业为依托续写属于沈阳人民自己的沈阳好故事，展示真实、立体、全面的魅力沈阳。

思考题

请结合自身体会，谈谈大学生可以如何利用各种媒体平台形式，提升自己的学习生活效率和效果。

案例十：沈阳国字菜篮子农业发展有限公司

〖思政课程结合〗"民以食为天，食以安为先"，食物安全对人民生活至关重要。习近平总书记指出："确保食品安全是民生工程、民心工程。"每个人都希望吃得放心、吃得健康，食品行业企业需要承担社会责任，提供最安全、最绿色、最环保、最健康的产品。引导大学生主动学习食品安全知识；培养健康饮食习惯，少吃垃圾食品，对不良饮食说不；关注公共食品安全问题，对不良食品企业说不，树立主人翁意识。

"四方食事，不过一碗人间烟火。"烟火气，是早餐的豆浆油条，是冬日里咕嘟冒泡的火锅，更是食堂里孩子们的笑语喧闹。这世间最袅绕缤纷的，是烟火气；最深入人心的，也是烟火气。

然而，当一个艰苦打拼的餐饮人对这方烟火气心怀敬畏，坚守"用良心做膳食"的初心打造现代化"中央厨房＋全产业链＋智慧食堂"

模式，每日供给沈阳市20余万中小学生校园餐，为沈阳市医务、公安、交通等企事业单位提供配送服务，最平凡的烟火气便被赋予了更多社会责任与担当。这个餐饮人就是沈阳市政协委员、民进会员柯妍，也是沈阳国字菜篮子农业发展有限公司董事长。

公司坐落在沈阳市沈北新区天乾湖街25号，自2015年整合种、养、加、现代服务，建立现代化中央厨房以来，边探索边壮大，发展至今拥有占地2万平方米的中央厨房、500亩自有农场、1050亩原材料种植基地。2017年，公司成为辽宁省营养学会中小学生平衡膳食基地、辽宁省营养学会中小学生食育教育基地、辽宁省营养学会服务站，先后获得"沈阳市农业产业化重点龙头企业""中国学生营养餐优秀企业""辽宁省最具影响力十大团膳品牌""沈阳市模范劳动关系和谐企业""沈阳市民营企业就业百强"等荣誉称号。

回忆创业历程，柯妍释然的笑中闪着泪光。2007年从当时"铁饭碗"的银行工作辞职后，她正式开启了摸着石头过河的创业之路。"我当时铁打的心就是要干餐饮，而且还不能马马虎虎地干，既然选了这行就要干出点成绩来。"想起那时初生牛犊不怕虎的自己，柯妍忍不住笑起来，但却无比怀念：刚经营烧烤店时进货的真羊肉被别的店掺假羊肉吊打营业额、怀胎九月挺着大肚子和员工半夜清点食材、和员工一起面朝黄土背朝天种土豆，甚至刚接手第一所学校食堂时赚不回食材成本，银行卡里都凑不齐一百块钱。个中艰辛苦楚反而像身旁渐渐远去的风景，取而代之的是不畏艰难险阻，办法总比困难多，挫折中激励自己永不放弃的匠人精神。

随着近几年沈阳市沈北新区聚力打造优质营商环境，多项便民利企举措为区内企业高质量发展提供了坚实有力的支撑保障，柯妍感受到企业的春天即将到来。挑战和机遇并存，公司通过多元化监督管理食品安全和食材标准，通过食安 ERP 系统的追溯做到留样有据，配合社会监管承担食品安全保障责任，同时加强企业与人才工作部门间的沟通，引进技术研发型、管理创新型人才优化管理队伍。切实贯彻从农田到餐桌的全链条无缝对接，也是政协委员义不容辞的责任和义务。

一头关联产地，一头关联孩子们的餐桌，保障食品安全红线不动摇、保障供餐服务，力求为沈阳市中小学、企事业单位提供安全、健康、营养、美味、智能的餐饮综合性服务。同时积极响应党和政府"发展中央厨房、推进农村三产融合、振兴乡村经济发展"的政策，以三产融合发展为核心，构建出"生产基地 + 中央厨房 + 净菜配送 + 团餐服务 + 智慧食堂"的一体化战略体系，有效延伸农村产业链，着力探索农村三产融合发展模式和利益共享机制。

未来，在沈阳市沈北新区团餐行业真正进入供给侧调整、品质提升的新的发展阶段，国字将扎根于品牌特色的建立，切实完善供应链体系，从技术、研发方面加大学习与交流，加强高新人才队伍的建设，不断强化定制化产品和服务的标准化，力争在固有业态外做延伸服务。

生活就是一餐一饭一粥一饮，一步步专心做好每一件事，将每一件平凡的小事做到极致，就是不平凡。

思考题

作为大学生，谈谈你所了解的食品安全认证标准有哪些。

案例十一：沈阳稻梦空间稻米文化主题公园

〖**思政课程结合**〗 依托传统农业产业园区建设延长农业产品产业链有利于提高产品附加值，提升产业竞争力，探索出"产品＋服务"的旅游引导型发展模式。农业产业园区设计丰富的农业劳动体验项目，在增加合作农户收入的同时，也为包括大学生在内的青年人提供亲身进行农业劳动实践的机会。农为邦本，本固邦宁。农业是人类社会的衣食之源与生存之本，它是支撑整个国民经济发展与进步的保障。体会劳动的艰辛有助于当代大学生理解劳动果实来之不易，更加珍惜农民的农业劳动成果。

稻浪翻滚，游人如织，沈北新区的稻梦空间里一派丰收喜庆的景象。2021年9月23日，以"游美丽乡村、享丰硕果实"为主题的2021沈阳农民丰收节暨沈阳数字乡村网络直播带货节，在景区里的锡伯族广场拉开序幕。

第一幕：丰收节里的动人场景。在喜人的丰收场景中，展示着稻梦空间大米、稻田小龙虾、河蟹、苹果梨、葡萄、榛子和软枣猕猴桃等沈阳优质农产品。作为活动主场的稻梦空间景区，一串串可喜的数字是展现丰收最好的注脚。刚刚收获的绿色新稻米，深受游客喜爱，免费的粥铺吸引游客品尝，由稻米制作的衍生品：米线、米饼、米花糖等也销售火爆。在这里，一粒米变成了一条产业线。同时，沈阳锡伯龙地创意农业产业园投资有限公司依托稻梦空间开发的单家民宿也已建成11户，其中民宿6户、餐饮2户、画馆1户、民俗馆1户、漫画馆1户，总投资800余万元。园区新开发了米糠酵素浴项目，引进了油画、国画、漫化和绳结等项目。

第二幕：城郊村的惊人蜕变。抚今追昔，感慨万千，每当提起这些往事，稻梦空间的赵爱军总是心潮起伏，百感交集。曾几何时，产业结构落后，种植品种单一，村民收入增长缓慢，靠近沈阳主城区却找不到更多的"来钱道"，部分村民特别是村里的年轻人纷纷撤家舍业去城里打工。

如今的华丽转身是由区政府积极牵线搭桥，村里引进沈阳锡伯龙地创意有限公司投资建设观光农业产业园开始，项目总投资1.5亿元，辐射面积5万亩，目前已完成休闲观光农业核心区建设1500亩、绿色有机水稻基地3万亩。公司以打造东北生态唯美特色小镇为目标，立足"三农"资源，本着"绿水青山就是金山银山"的创业理念，打造以稻田画、水稻加工、稻米博物馆、农业嘉年华、餐饮民宿、田园观光为一体的民族生态画卷。同时，依托互联网＋农业、创客两大推手，搭建完成了公司＋客户的互动网络管理体系，推动了"喜利妈咪""稻梦空间"两大品牌运营，带动了区域经济发展，促进了农民增收致富。项目获得了国家AAA级景区，也是全国唯一一家稻米主题公园，年接待游客20万人次。

第三幕：从现在走向未来。作为土生土长的沈北人，区政协主席金玉龙见证了全区"三农"工作的进步和成绩，更参与了稻梦空间的成长故事。特别是自2020年以来，沈北新区全面启动以农村"三块地改革"为核心的农村土地综合改革，稻梦空间的成长变化就是其中的一个缩影。

土地是农民生活的最基本保障，是农村稳定的基础，同时也是沉睡中的巨大资源。为此，沈北新区坚持把依法维护农民权益作为出发点和落脚点，扎实推进农村土地制度改革，解决好乡村产业发展对土地要素迫切需求的矛盾。稻梦空间所在的沈北新区兴隆台街道积极站在全区改革的前沿，着力盘活单家村、立新村、盘古台村的农村土地资源，吸引锡伯龙地创意农业有限公司合作开发民宿旅游。参与民宿项目的村民除每年得到固定租金3000元外，加上保底性分红、耕地流转费、打工收入，年均增收2万元，起到了带动农民增收致富，发展壮大集体经济的作用。截至2021年，沈北新区积极推进"三块地改革"，共盘活闲置宅基地300亩，带动耕地流转7000亩，为农商文旅等产业发展提供了重要的要素资源，实现了"一子落而满盘活"。

时光荏苒，未来可期，稻梦空间的村民心里充满了对美好生活的期待。幸福的生活是奋斗出来的，他们有理由相信，更加美好的明天，需要靠自己勤劳的双手继续努力创造。

思考题

谈谈你认为中国未来农业应该贯彻什么发展理念。

五　特色发展——沈阳本土品牌企业

【知识点】习近平总书记在全国宣传思想工作会议上强调，中华优秀传统文化是中华民族的文化根脉，其蕴含的思想观念、人文精神、道德规范，不仅是我们中国人思想和精神的内核，对解决人类问题也有重要价值。品牌是企业的重要资产，也是区域重要的文化传承载体。一个企业、一个区域，如果没有创建强势的品牌，必将面临发展困境。沈阳本地品牌作为中国北方文化的集中体现已有几百年的历史沉淀，正在新时代焕发新的发展活力。顶尖的品牌具有明确的战略、远景、宗旨、财务目标和市场目标。全社会都需要重视本土品牌建设，加强本土品牌保护。

案例十二：沈阳欧亚联营

〖**思政课程结合**〗近年来，我国高校毕业生数量逐年增多，加之受到新冠疫情的影响，大学毕业生的就业形势受到前所未有的挑战。大学生毕业后能否顺利就业，已成为全社会普遍关注的热点问题。近年来，百货相关岗位需求人数继续增加，为大学生提供很多就业机会。引导大学生正确认识百货行业在人民生活中的重要性，重视培养自身工作意识，提高自己专业工作能力。

"老字号"要传承，更要发展，它承载了一座城的记忆，也将与这座城继续共生。沈阳"老字号"百货商场欧亚联营即是顺应创新改造盘活了市场竞争力的例子，在商圈商户高质量发展的同时也将助力沈阳市营商环境的持续优化。

在沈阳市太原街商圈里有一家成立69年的"老字号"商场，它是沈阳市第一家百货商场，也曾是东北三省闻名遐迩的购物场所。这里承载着沈阳商业繁荣的历史，见证了沈阳经济发展的日新月异，它就是沈阳百姓耳熟能详的"老字号"商场——欧亚联营。下面就让我们一起走进欧亚联营的前世今生，一同了解这个"老字号"百货商场的创新发展历程。

欧亚联营的前身是沈阳联营公司，成立于1952年1月26日，原址在太原街3段24号，是由原东北人民政府贸易部整合百货、粮食、花纱、医药、土产、信托、煤建、工业器材八大行业开设的一座大型综合零售商场，取名沈阳市国营贸易企业联营公司，开业当年就实现销售 1100 万元。随着政治经济形势的发展，是年，联营公司划归沈阳市百货公司独家领导经营，其他专业公司相继撤出。

联营公司是当时东北地区最大的百货零售商店，营业面积 7800 平方米。主要经营服装鞋帽、针纺织品、五金家电、化妆用品、文具纸张、钟表眼镜、陶瓷器皿、烟酒糖茶等约 8000 个品种。它的建立给古城沈阳增添了繁荣与活力，使太原街一带迅速形成商业中心，在多种经济成分并存的形势下，充分发挥了国有企业主渠道作用，在限制、改造私营工商业，占领流通阵地，满足消费方面做出积极贡献，成为沈阳商业系统的一面大旗。人们赞云：进了沈阳城，先到大联营。

随着工农业生产迅速发展，人民购买力日益提高，顾客蜂拥而至，营业厅难以负载超重压力。考虑到安全问题和扩大流通领域，1980 年由沈阳市政府与联营公司共同出资 1290 万元在中华路建新营业楼，1982 年 10 月竣工，同年 12 月 21 日公司移至新楼开张营业，定名"沈阳市联营公司"，人们称为新联营。新联营突出信誉度建设，打出"大众购物哪可靠，还是联营老字号"企业形象宣传广告，在辽沈地区深入人心。1993 年新联营被中国国内贸易部认证为"中华老字号"。

2007 年新联营成功转制，欧亚集团入主后对公司进行重组，投资扩建了欧亚联营，建筑面积近 10 万平方米。依托欧亚集团现代经营管理优势，结合联营深厚的"老字号"文化底蕴，为欧亚联营的可持续发展创造了有利条件。

为了更好地适应市场，提升"老字号"企业竞争力，从 2019 年开始，欧亚联营积极响应政府关于升级改造"老字号"的号召，投入巨资启动了创新改造工程。现已完成超市、1 楼、2 楼、5—8 楼和 10 楼的重装升级，成功引进了沈阳首家麦当劳旗舰店未来餐厅、唯品会、浪琴、华为授权体验店、小米之家、迪桑特、瑞幸咖啡等深受消费者喜爱的品类和品牌。拥有全国首家集观影、聚会、娱乐为一体的复合式多元化影院——欧亚联营"唯米特电影乐园"；辽宁首家科技风家电卖场——欧亚联营家电馆；网红复古工业风运动商场——沈漾 X 地带主题商业街和潮流轻奢风鞋包、淑女装商场——"潮漾"主题商业街。逐步形成重点突破带动全局发展的良好局面，实现公司品牌高速、高质量提升的目标，为重振"老字号"发挥新动能。

欧亚联营 4 楼商场重装升级工程完工，并于 2021 年 11 月末开业。欧亚联营持续加大餐饮、娱乐、生活配套等招商、建设力度，不断刷新消费者对老字号百货的认知，持续增强沈阳百姓对传统品牌百货的信赖。

坚持与时俱进、在传承中创新，欧亚联营加速向新模式、新业态商业转变，有效提升了企业持续创效能力，为老百姓提供更多、更全、更优、更廉的商品和服务，全方位展现"老字号"商业企业振兴发展新局面。

思考题

优秀的百货行业员工应具有哪些专业素养？如果想要做好百货行业的工作，大学生需要重视哪些方面能力的培养？

案例十三：八王寺汽水厂

〖**思政课程结合**〗 很多东北本土品牌承载着东北地区的历史记忆，也成为东北地区发展的一个缩影。近年来，在政府的大力支持和东北老工业基地振兴的大背景下，东北民族工业迎来一个千帆竞发百舸争流的新时代。帮助学生了解更多承载着梦想的民族明星品牌企业的情况，有助于加深学生对东北地区发展进程的理解，深刻认识东北民族明星品牌企业在国家发展中发挥的积极作用。

在沈阳有一款叫"八王寺"的汽水，品尝清冽甘甜的味道流过舌尖，那美好的记忆就注入了人们的心田。八王寺汽水的前世今生，反映着辽沈大地的民族工业的蓬勃发展历程。

在沈阳，提起八王寺汽水可谓妇孺皆知，这个民族工业品牌历经百年沧桑，迄今依然为老百姓所喜爱，它们承载着沈阳乃至东北人民的特殊记忆和浓厚情感。八王寺汽水有着荡气回肠的动人故事。这些故事展示了民族工业品牌曲折奋进的发展历史，也昭示了沈阳乃至辽宁的美好未来。

八王寺汽水诞生在民国时期，第一次世界大战以后，列强资本强力进入中国经济领域，妄图最大限度地把持中国的民族经济命脉，实施对中国人民的肆意掠夺，民族企业家中的有识之士深深体会到实业救国的重要性。八王寺汽水就是在这样的历史背景下应运而生的。1923年，民族企业家张志良创办了八王寺汽水啤酒酱油股份有限公司。后来由于企业发展的需要，单独注册成了八王寺汽水厂，可见当时八王寺汽水影响之大。

当年，八王寺汽水厂的注册商标为"金铎"，所谓金铎之声，响彻天外。这个商标拥有深刻的家国情怀，其时，日本品牌的汽水横行东北市场，对民族饮料造成巨大冲击。"金铎"就是说用民族品牌的力量，唤民众之觉醒，奋起反抗帝国主义的经济入侵，警示国人振兴民族经济，捍卫国家尊严。

沈阳解放后，八王寺汽水厂被国家全资收购，更名为沈阳市八王寺汽水厂。从此以国有企业产品的身份，活跃在民族食品饮料工业领域。沈阳市政府从日本和德国引进了汽水生产线，对工厂进行了技术改造，生产的汽水口味更加甜美，企业的市场占有率和产品美誉度不断提升。1984年，八王寺汽水成为洛杉矶奥运会中国代表团的指定饮料，当年八王寺汽水一鼓作气拿下了年度全国汽水销售冠军。形成了"南有健力宝，北有八王寺"的全国饮料市场格局。

在改革开放的大潮中，历史的脚步来到了1993年，怀着将本土企业做大做强的初衷和与国际知名企业合作的愿望，沈阳市八王寺汽水厂作为中国第一家对外开放的饮料厂，通过应约入股与美国可口可乐公司开展了合作。然而令人意外的是，可口可乐公司为了自身品牌利益的最大化，仅打算占据八王寺汽水的销售渠道和市场份额，而将八王寺汽水的商标蓄意封存。

这一恶意竞争的商业行为给八王寺汽水厂带来巨大打击。企业负债累累、濒临破产。2003年底，为了帮助八王寺汽水厂走出困境，在沈阳市委市政府的有力帮助下，现任沈阳八王寺饮料有限公司董事长李秀实上任，他分析了企业当时面临的种种困难，认为当务之急是拿回八王寺商标所有权。李秀实在美国组建了律师团队，聘请了六名律师，经过历时三年的马拉松式的国际诉讼，最终以庭外达成和解的方式拿回了商标，保住了沈阳这一百年品牌。

"宁可承担巨大风险，也要重振百年民族品牌雄风"是李秀实内心最坚定的信念。李秀实带着管理团队下沉到生产一线，前突到销售前沿，瞄准重振"八王寺"品牌雄风双向发力。一方面，优化八王寺汽水的味道，另一方面想办法全力开拓市场。面对美国可乐垄断的饮料市场，八王寺汽水用了三年时间，以民族产品回归为目标，以认同民族企业的感情为纽带，逐步实现了覆盖沈阳、辐射辽宁、走向全国的市场战略。

这些年来，沈阳市委、市政府和社会各界更是给予了"八王寺"品牌大力的支持，公务用水、活动用水、水陆空港，都有"八王寺"产品的身影。特别是在"八王寺"扩大生产、产品走出辽宁的发展过程中，企业所在地的大东区委、区政府更是给予了热情的指导和帮助。李秀实深切体会到了"亲""清"的政商环境给企业成长带来的巨大助推作用，更增强了他进一步提升做强做优民族工业品牌、经营好保护好"八王寺"这一品牌的坚定决心。

思考题

在中华民族伟大复兴的进程中，民族品牌在发展过程中可能遇到哪些发展机遇与挑战？

5

社会底蕴

——沈阳人文文化

【知识点】

习近平总书记指出："要讲清楚每个国家和民族的历史传统、文化积淀、基本国情不同，其发展道路必然有着自己的特色；讲清楚中华文化积淀着中华民族最深沉的精神追求，是中华民族生生不息、发展壮大的丰厚滋养；讲清楚中华优秀传统文化是中华民族的突出优势，是我们最深厚的文化软实力；讲清楚中国特色社会主义植根于中华文化沃土、反映中国人民意愿、适应中国和时代发展进步要求，有着深厚历史渊源和广泛现实基础。"东北地区的社会底蕴体现在历经千百年的文旅文化上，体现在联通四方的交通文化上，体现在继往开来的教育文化上，体现在相亲相爱的社区文化上，也体现在依法治国的法治文化上。东北这片沃土，蕴藏着这些文化宝藏，滋养和激励着一代代的青年学子，为实现中华民族伟大复兴而奋发向上。

一　历史积淀——沈阳文旅文化

【知识点】习近平总书记强调，文物承载灿烂文明，传承历史文化，维系民族精神，是老祖宗留给我们的宝贵遗产，是加强社会主义精神文明建设的深厚滋养。文物是区域发展史的历史体现，蕴藏着丰富的人文内涵。保护历史文化，功在当代、利在千秋。将文物宣传与旅游产业建设融合，有助于提升区域历史文化教育效果，为区域旅游产业提供持续活力。东北地区拥有极其丰富的文化遗产，应以文化创意为核心，将文物与旅游相结合，通过文旅品牌建设、文旅产品开发、文化旅游体验设计，促进东北地区文化遗产地可持续发展，弘扬优秀传统文化、增强民族凝聚力。文旅不应止步于走马观花，文物宝库里潜藏着无尽宝藏，需要不断结合时代发展去探索，让优秀的传统文物在新时代绽放出更耀眼的光芒。

案例一：以清代传世文物提升沈阳文化影响力

〚 **思政课程结合** 〛 中国有很多国家历史文化名城。具有千百年灿烂历史的城市通过文物遗产讲述着它的历史发展过程，传播着它的人文思想。文物承载文明并传承着历史文化，是连接现在与过去的纽带。大学生应了解这些文物遗产背后的故事。这不仅是为了传承文化、延续历史，也是为了凝聚青春力量，使青年一代继往开来，更好地为中华民族伟大复兴奋发努力，书写更美好的未来。引领青年大学生了解东北引以为傲的清代文物历史，引导每一个大学生思考如何通过这些得天独厚的文物资源，讲好东北故事，为塑造东北文旅品牌、不断扩大东北文化影响力做出努力。

沈阳这座中国东北关外的明珠，有着数千年的文明发展史，从新石器时代的新乐文化，到秦汉时期的候城、辽金时期的沈州城，直到元代的沈阳路和明代的沈阳中卫城，无数先人曾在这里繁衍生息、开拓创造，留下众多历史遗迹和不可胜数的古代文物。

沈阳虽有着悠久的发展历史，但在过去岁月中，真正让这座城市放射光彩、成为举世瞩目的历史文化名城，还是因清朝迁都沈阳，并在城中修建了盛京皇宫。

l625 年，清朝开国皇帝清太祖努尔哈赤将国都由辽阳迁至沈阳，从此拉开沈阳作为一朝国都的序幕。在他的授意下，在城内修建了"大衙门"——即后来的沈阳故宫东路大政殿、十王亭建筑群，以及汗王宫和众多贝勒府。努尔哈赤去世后，其继任者清太宗皇太极按中原王朝宫廷格局，将自己的四贝勒府改建为沈阳故宫中路建筑群，并对沈阳旧城进行大规模改建、扩建，将原来的沈阳城四门、丨字街，改建为八门、井字街，在皇宫前面修建了多处中央机构衙署，在城外修建了实胜寺、坛庙、堂子、四塔四寺等都城附属设置。1635 年，皇太极将沈阳正式更名为"天眷盛京"；翌年，他又将国号"大金"改称"大清"。从此，沈阳以国都身份展现于东北大地，以一朝发祥地的尊贵地位被载入史册。

清朝入关后，随着康熙、乾隆、嘉庆、道光诸帝东巡盛京，为这里带来众多清宫御用器物。康熙朝修建盛京外城，乾隆朝对盛京皇宫进行改建，从而使沈阳城成为规模宏伟、扬名世界的文化名城。

至今，沈阳城及其周围的一些古代建筑虽因历史原因而不复存在，但盛京皇宫、清昭陵、清福陵等皇家建筑都得以完整保存，许多珍贵的古代传世文物也得以收藏。这些珍贵的不可移动、可移动文物依然保持着原来的风貌，成为我们了解历史、认识清代宫廷、弘扬传统文化的重要载体。

比如，现在在沈阳故宫保存并展览的金代交龙钮大钟，就是一件反映沈阳城市历史的珍贵文物。这件大钟由铜材整体浇铸而成，最早铸造于辽金时期，为东北各地人们代代传用。1621 年，努尔哈赤率八旗兵攻入辽沈地区后，由辽南汉族人捐献给他。1625 年其迁都沈阳后，此大钟也由辽阳移入沈阳。1627 年皇太极执政后对沈阳城进行改建，在城内井字街北部东西两侧，一并修造的钟楼、鼓楼，该大铜被搬入钟楼，从此成为城内"暮鼓晨钟"按点敲钟报时和遇有重大事件鸣钟发布的工具。

再比如，沈阳故宫凤凰楼正门悬挂的清木雕金漆紫气东来匾，它由清高宗弘历亲笔书写、传旨御制，"紫气东来"四个大字由铜板打造并贴以金箔，匾额四框以原木圆雕泥金云龙造型。此匾自乾隆朝至今一直悬挂于凤凰楼下，已经有 260 余年。它体量巨大，做工精湛，体现出清中期满族皇帝对传统文化的景仰和追求，亦成为沈阳这座历史文化名城的特征文化标识。

清朝给沈阳这座城市留下的，不仅仅是一个城池、一座皇宫，也不仅仅是都城内外的各种建筑和各类珍贵的传世文物，更多的是面对世界骄傲自豪、文运遗风，以及那种积极进取、勇于创新的精神动力。新一代的沈阳人，在承继前人传统的基础上，如何提升城市的文化品位，以实现城市的新发展、新辉煌，成为一代又一代人需要不断探索、不断追求的目标。应保护传承、开发利用沈阳历史文化遗产资源，提升城市凝聚力和自信心，促进沈阳现代经济和社会发展，要深入挖掘沈阳历史文化内涵，组织梳理沈阳历史文脉，讲好沈阳故事，塑造文旅品牌，不断扩大城市的文化影响力，为建设国家中心城市贡献文化智慧。

思考题

谈谈如何将城市文物文化与城市发展结合在一起。

案例二：沈阳工业文旅发展

〖**思政课程结合**〗 沈阳是东北地区最大的工业城市之一，其工业发展水平体现了中国工业产业发展态势。虽然随着我国对外开放政策的实施，东部沿海地区在全国首先崛起，东北地区受战略转移、历史政策体制等因素影响，逐渐被拉开差距，但是在国家振兴东北老工业基地战略指引下，经过传统产业转型升级，沈阳这座全国重工业基地重新焕发生机，成为全国全面创新改革试验区之一。沈阳是中国工业的重要发展力量，它曾经创造出很多辉煌的工业成果。引导大学生珍惜这些工业成果，鼓励大学生依托沈阳雄厚的工业文化基础，围绕国家工业需求，不断创新，继续在沈阳工业现代化历程中书写辉煌。

沈阳是幸运的。沈阳第一机器厂完成了新中国的第一枚金属国徽，沈阳重型机械厂炼出了新中国成立后的第一炉钢水，沈阳第一机床厂自行研制的第一台普通车床被用作1960年版2元人民币图案。第一台变压器、第一台18马力蒸汽拖拉机、第一辆无轨电车、第一枚地对空导弹——红旗一号导弹，仅沈阳铁西区北二路上的 37 家大型企业就有幸创造了新中国工业史上 350 个第一。

沈阳是幸运的，这座城市保存了一个英雄时代的记忆。现在，曾经创造过辉煌的重型机械设备静静地矗立着，雕塑着辉煌的时光。这些都已经是不可移动的文物。

2012 年建成并对外开放的中国工业博物馆，是全国最大的全面展示工业题材的综合性博物馆，占地面积 5.3 万平方米，建筑面积 4.1 万平方米，馆藏品 1.5 万余件，定级文物 300 余件，是全国爱国主义教育基地和著名景区。

2009 年 5 月 18 日，在沉重的炼钢车间里，最后一炉炼出的钢水浇铸成两个大字"铁西"。铁西工人村是新中国最早的工人住宅楼群，如今已建设成为工人村生活馆，在布置和环境上完整重现了人们 20 世纪 50—80 年代的集体记忆。身临其境，唤起的不仅是记忆，更有对今天工业成果的感慨。过去时代的光荣和朴素的风尚，让人感知到今天的现代生活，是坚忍和辛劳播下的种子，是希望壁立于时光之崖，万般磨砺终于破茧成蝶的奇迹。这份便利和舒适，闲适与安然来之不易。

沈阳书写了中国的工业史。到沈阳来一次工业游，可以见证近现代工业的嬗变和发展，有以沈阳大东区奉天机械局为代表的民族工业遗存，还有老龙口酒的美酒飘香至今，苏家屯的铁路博物馆停放着世界各地的老火车头。华晨宝马铁西工厂、大东上汽通用工厂作为国内工业旅游项目的典范，演绎着工业与艺术的碰撞与融合。新松机器人在天安门广场的国徽前面举起了晶亮的机械臂；沈飞航空博览园集科技、国防教育、模拟体验为一体，让游览者感受航空魅力的同时，更能迸发探索的启愿和自豪。

高品质的沈阳开拓着工业美学与现代科技时尚生活的崭新天地。曾经，烟囱连成线、厂房连成片的图景，经岁月流转和再造，变成今日的美术展厅、工业展馆、遗迹陈列馆、文创产业园——北方的阳光温润着这些历经风霜的灰砖青瓦，辉映着过去时代的大国重器，历史和工业文化元素重塑着沈阳的城市肌理，这一切，都绽放着沈阳工业文化的魅力。

1905文化创意园、红梅文创园、奉天工厂等现已成为都市青年的打卡地。步入景致优美的园区，穿行在一栋栋红砖厂房组成的建筑群间，将拥抱别一番时尚、别一番意境、别一番记忆、别一番美好。

思考题

谈谈新中国成立后东北工业发展对中国经济的作用与贡献。

二　四通八达——沈阳交通文化

【**知识点**】城市的发展离不开城市的交通。区域历史发展的进程表明，城镇空间结构与交通需要互动发展，城市的优化和升级需要适宜的交通系统予以支撑，城市功能布局需要以交通枢纽来组织。国内外国际权威机构普遍认为，未来几十年城市交通将随着区域发展发生颠覆性的改变。麦肯锡咨询公司认为，未来15年出行方式将呈现七大趋势：共享移动性、汽车电气化、自动驾驶、新型公共交通、可再生能源、新型基础设施、物联网普及。城市正在从关注交通的基本通行运输能力向提升交通的便捷性、灵活性、可达性转变，更注重多种交通方式的融合与交通环境的提升。构建高效、公平、健康的城市交通环境，营造宜居宜业的城市生态圈是城市建设的必然目标。

案例三：百姓眼中的沈阳交通

〖**思政课程结合**〗交通是城市的脉络，它见证着一座城市的发展，也关系着老百姓对幸福生活的感受。改革开放几十年，中国交通的变化可以说是脱胎换骨，举世瞩目。以前，自行车是老百姓家中的宝贝；每天上班的公交车总是拥挤不堪。现在，随着城市的发展，纵横交错、四通八达的现代化立体交通网，使市民的出行体验更舒适；用手机查公交车、用手机 APP 买车票、用打车软件叫车，智能化发展让市民出行更方便。在国家建设美丽中国战略的引领下，人民享受便捷交通的同时，也在改变自身的出行理念。从公交车、自行车、摩托车到家庭小轿车、出租车，再到乘公交车、地铁、共享单车，绿色环保出行理念渐入人心。引导大学生秉承绿色交通理念，践行节能减排，为我国社会的可持续发展做出积极努力。

很多年前，沈阳的很多孩子在上学的时候，每天至少需要倒两次公交车。他们经常乘坐无轨电车和环路无轨电车，大约 1 个小时才能到达学校。

在那个年代，轿车是稀罕物，司机也是令人羡慕的职业。自行车是家庭的大件。无轨电车里人们经常挤得像罐头里的沙丁鱼，没有些力气根本挤不上车。在车上不用手扶栏杆，周围的人已经将你紧紧地固定，任凭车身摇晃，如磐石岿然不动。

无轨电车作为一个历史的产物，现在在沈阳已经看不到了。私家车成为主要的交通工具，但是遇到堵车时也只有无尽的烦恼，乘坐公交仍然是很多人经常的选择。现在沈阳的公共交通非常方便，有 280 多条线路，还有田字形三横三纵的地铁线路，是最守时便捷的交通工具。沈阳地铁 10 号线通车当日，很多市民早早来到家附近的地铁站，准备乘坐第一班地铁。人们不约而同地想用乘头班车的方式庆祝新线地铁的开通。

如今，自行车已经变成交通的辅助手段，很多人家里的折叠自行车常年停在车库里，很少有机会出行。共享单车、共享助力车在校园、商业区、各小区静静地等待骑行者，成为短途出行便利的交通工具。

随着沈阳市的高速发展，20世纪陪伴了几代沈阳人的无轨电车早已成为历史的产物。现在，私家车是市民的主要交通工具，同时，作为公共交通的代表，地铁也成为最守时便捷的交通工具，为越来越多人带去便利。随着一条一条地铁线在沈阳建成，沈阳的交通网络越来越完善。

思考题

谈谈大学生应该如何用实际行动践行绿色出行理念。

案例四：振兴沈阳交通先行

〖**思政课程结合**〗党中央、国务院高度重视东北地区等老工业基地的改革和发展，制定了振兴战略的各项方针政策，吹响了振兴东北老工业基地的号角。振兴东北，沈阳先行，沈阳是东北的交通枢纽，一直以来，沈阳市委、市政府高度重视交通问题，在基础交通建设方面取得了显著成果。几十年间，沈阳市交通运输事业得到快速发展，以雄厚的整体实力、广阔的发展前景成为全市经济社会发展的重要助推器，也成为沈阳市大胆改革、跨越发展的最好见证。"十四五"期间，沈阳将继续高标准建设国家现代综合交通枢纽，高效率推进沈阳现代化都市圈交通一体化，高质量构建绿色宜行城市交通网络。引导大学关注交通建设与区域经济社会发展的关系，了解交通建设对于区域发展的重要性。

沈阳市作为东北地区的交通枢纽，随着城市的发展和汽车保有量的迅速提高，沈阳市交通拥堵问题也越来越严重。如何改善沈阳市交通现状，是沈阳市政府愈发重视的问题。近年来，沈阳市不断出台新规划，在对已有交通设施进行升级完善的同时，又在沈阳各处建设了多条快速路，大大完善了城市交通网络。这些惠及全市人民政策的落实，为加速沈阳的振兴发展以及建设国家中心城市提供了更加坚实的交通保障。

2010年前，沈阳仅有三环、东西快速干道、青年南大街三条高快速路，一环、二环等主干路沿线交叉路口绝大部分采用平交方式，交叉口的信号延时，使道路通行能力明显降低。随着社会经济快速发展和汽车保有量逐年快速增加，沈阳市交通拥堵问题越来越严重，缓解各大交通主干道的通行压力，提高城市通行能力迫在眉睫。

2010年沈阳市政府启动四环快速路建设，于2013年建设完成，四环快速路位于未来沈阳主城区边缘，全长132千米，包围城区面积

1254 平方千米，途经苏家屯、铁西、于洪、沈北、浑南、沈抚新区六个城区。四环快速路作为沈阳城市群济隆起带战略构架的第一条"龙骨"，对区内及周边城市产业集群的相互联系发挥重要作用。四环快速路的建成，对推动沈阳核心区向周边城市辐射功能的实现，加快提升城市综合实力，整合发展空间，拓展城市功能，提升产业实力和竞争力起到重要作用。

2010 年、2013 年沈阳市政府分期启动东北二环、南二环和西北二环快速路建设，于 2015 年全部建设完成，全长 50.3 千米。东、北、西二环线以高架桥为主跨越沿线密集的路口，与现有的沈抚立交、白山立交、大成桥、建大立交、揽军路高架衔接；对南环沿线主要立交进行改造或新建，取消南环路口交通信号，并建设多处人行通道以方便市民到浑河岸边游玩。二环快速路的建成，实现了打开"二环"形成"内方格外环放射"式路网格局，形成了"大四环路"交通基本框架，二环路在完善沈阳市的交通系统中起着至关重要的作用。

2011—2020 年，沈阳市还陆续启动建设了东北一环、东陵路、北一路、迎宾路、南北快速干道、胜利大街、沈辽路、长青街等多条快速路，初步形成了"环形 + 放射"的快速路骨架网络。随着沈阳市经济的不断发展，城市建设规模不断扩大，城市交通压力越来越大，依据《沈阳振兴发展战略规划》，2018 年市政府启动二环南移至浑南大道项目，全面加强放射快速路建设。浑南大道是浑南地区东西向的重要干道，兼具新二环功能，与胜利大街快速路、长青街快速路共同组成南部复合通道。市政府还启动了元江街、二环南移二期（南阳湖街）、长青街快速路南延等项目前期工作。目前，沈阳快速路累计建成367千米，约占全市路网总里程的9%，承担了全市约32%的交通量。

沈阳已建成快速路路网。通过持续的快速路及城市路网建设与完善，不断完善了城市交通网络的主骨架，大大提高了交通服务水平，早晚高峰拥堵问题得到有效缓解，为沈阳创造了良好的营商环境，进而推动城市空间整合步伐，为加速沈阳的振兴发展以及建设国家中心城市提供了更加坚实的交通保障。

思考题

谈谈城市交通发展与经济发展之间的关系。

三 相爱相亲——沈阳社区文化

【**知识点**】"世界上最大的幸福莫过于为人民幸福而奋斗"，习近平总书记在2022年春节团拜会上的讲话中再次标定"人民幸福"

的新高度。人和家庭构成一个个社区，社区是群众生活的基础环境，是社会治理的最小单元。社区成为社会管理的基础环节，面对人民群众对美好生活的需求，社区承担的社会管理事实越来越多，需要社区提供的服务需求呈现多样化趋势。随着城市化水平加快，城市人口数量骤增，社区也成为各种社会矛盾的交会处，只有不断地建设好社区，才能维护好社会稳定。人民群众是国家的核心，全面建设社会主义和谐社会是目前我国社会发展的重中之重，构建良好的社区文化有助于构建和谐社会，提升人民幸福生活指数，使中国人民的日子越过越红火、越过越富足、越过越幸福。

案例五：市政协教科卫体委员会召开社区养老服务座谈协商

〖**思政课程结合**〗习近平总书记强调，要大力弘扬孝亲敬老传统美德，落实好老年优待政策，维护好老年人合法权益，发挥好老年人积极作用，让老年人共享改革发展成果、安享幸福晚年。大学生作为青年一代的典型代表，应继承尊老敬老的优良传统。一方面，前辈们具有丰富的人生经历，大学生应该多向前辈们学习，从他们身上获取宝贵的知识、技能、经验等；另一方面，大学生应孝敬家中长辈，在社会中关爱、照顾老年人，主动了解老人的需求，积极投身养老护老活动，帮助身边的老年人解决生活中的各种困难，帮助他们了解和学习比如智能手机等的最新生活需要的技术工具，使他们更好地享受幸福生活。

　　沈阳市就推动沈阳市社区养老服务的健康发展的议题召开社区养老服务座谈协商。座谈协商深入探讨了沈阳市社区养老中存在的问题、发展规划、政策法规建设、医养结合等方面问题，听取了各单位的意见，共同推动沈阳市社区养老服务工作高水平、高质量发展。

　　为推进沈阳市社区养老服务健康发展，为广大群众提供优质、安全、便捷的养老服务，沈阳市政协教科卫体委员会、研究室会同农工党市委会联合召开社区养老服务座谈协商。座谈协商是根据市政协主要领导意见，按照人民政协报社关于推进社区养老服务调研协商总体要求，围绕沈阳市社区养老运营服务情况及发展建设中存在的问题，与市民政局、自然资源局、卫健委开展的一次专题协商。目的是以完善社区养老发展规划、提升养老供给和服务能力、推进养老事业健康发展为切入点，查找社区养老在体制机制、服务体系、政策法规建设等方面存在的问题和不足，提出解决对策和建议，为人民政协报社社区养老服务专题调研提供借鉴和参考。

　　协商会上，市自然资源局、民政局、卫健委分别通报了沈阳市社区养老服务发展规划、运营服务、质量规范及医养结合等工作情况，提出了沈阳市社区养老服务发展建设亟待解决的主要问题及相关对策建议。与会政协委员、农工党党员对沈阳市社区养老服务事业发展取得的新成绩、新经验给予了充分肯定，围绕新建小区与养老配套设施"四同步"落实不到位、养老服务设施供给不足、养老服务设施标准不一、照护服务专业性不强、社会力量投入有限、条例法规建设滞后等问题，与市自然资源局、民政局、卫健委参会人员进行了深入座谈协商，广泛交流意见，为推进沈阳市社区养老服务高质量发展议政建言。

社区养老服务工作是一项兼具复杂性和系统性的社会工程，涉及部门众多、服务人群特殊、社会关注度高。推进社区养老服务建设是深入贯彻落实习近平总书记"关于积极应对人口老龄化的重要讲话精神"和党的十九届五中全会"关于健全基本养老服务体系"决策部署的必然要求，对促进民生事业发展、社会和谐稳定意义深远而重大。为此，政府相关部门要贯彻新发展理念，坚持以人民为中心，高度重视社区养老服务工作，完善社区养老条例法规建设，为推进社区养老新建小区配套建设和老旧小区改造建设、解决设施产权归属、吸引社会力量投入等提供法律保障；制定场地建设项目和服务供给清单，为社区基本养老服务项目供给和服务标准的确定提供依据；实行社区养老服务考核和评价制度，推动各级政府充分认识社区养老服务建设的重大意义，增强责任感、使命感、紧迫感，着重解决投入不足、扶持力度小、精准施策少等问题。政协委员、党派成员和专家学者要统一思想，凝聚共识，主动作为，持续关注和支持社区养老服务发展建设，为推进社区养老服务健康发展出谋划策、献计出力。专委会、研究室和农工党加强与政府相关部门密切沟通，通力协作，广泛协商，逐步完善社区养老服务政策法规、基本设施、经费投入、运营管理、服务保障等体系建设，推动沈阳市社区养老服务工作高水平、高质量发展。

思考题

谈谈在中国人口老龄化情况下，当代大学生应该如何更好地承担养老护老的社会责任。

案例六：社区邻里那些事儿 开展"协商在社区"活动

〖**思政课程结合**〗社区是社会的一个地域生活共同体，是一个缩微版的社会。社区和谐发展，保证社区群众的幸福生活，是城市发展的基础。良好的社区管理与社区文化可以实实在在解决群众生活困难，净化社会风气，营造淳朴民风，树立良好风尚，增强群众凝聚力。引导大学生积极参与社区群众活动，争做青年志愿者，深入社会、了解国情、体验社情，积累对社会认识的阅历和增进对社会工作的理解，用自己的行动带动更多的居民加入文明创建的活动，不走过场，不搞形式，增强社会责任感；与社区居民多交流，培养并提高自身社会交往能力，分享快乐，相互协作，共同建设美丽家园。

为使沈阳市各社区两邻更加和谐，也为了加强沈阳市社区治理，沈阳市沈河区政协坚持开展"协商在社区"活动，聚焦群众问题，聆听群众诉求，解决民生难题。在中共沈河区委领导下，通过制定"协商在社区"制度建设的实施意见，实地走访了解情况等多诸多方式，切实解决了包括南塔街道屋顶漏雨等一系列问题。这样接地气的工作方式不仅在社区治理中取得了阶段性的进展，而且在群众中大受好评。

远亲不如近邻，和谐的两邻关系是基层社会治理的目标之一，也是社区治理的最难之处。沈阳市沈河区政协坚持开展"协商在社区"活动，聚焦群众最急最忧最盼的问题，通过走进社区、深入家庭，及时了解群众诉求，推动解决许多民生难题。

在中共沈河区委领导下，沈河区政协制定了关于开展"协商在社区"制度建设的实施意见，按平均原则，将200多名委员分至各街道地区活动组，与群众"面对面"协商，更好地发挥有事多商量、遇事多商量、做事多商量的制度优势，不断增强人民群众的获得感、幸福感和安全感。

在南塔街道，居民最心烦的问题有三个：顶楼漏雨、树木虫害和甬路破损。委员们多次进社区实地走访，了解掌握具体情况，发挥专业特长，从建筑专业和法律角度耐心说明漏雨墙体长毛的原因，启动维修基金的相关法定程序，让居民在明白问题如何解决的同时，对街道、社区工作多了几分理解。针对问题，委员们以提案方式向区委和区政府提出了解决的建议并跟踪落实，如今南塔社区的楼顶和墙体维修、文荟社区的甬路修复和路灯设置工作已基本完成，部分委员还主动出资或协调爱心企业帮助解决了树木虫害问题，赢得了社区群众发自内心的信任和赞誉。

在万莲街道，众多老旧小区存在"院老、房老、设施老、生活环境差"问题，委员们兵分三路，成立协商共治小组，在深入调研基础上，将"破解小区环境卫生难题"确定为协商议题，形成构建居民、社区、环卫企业、物业企业"四位一体"老旧小区环境卫生治理体系的工作思路。协商会上，委员或直面问题提出解决方案，或着眼长远发展提出建议，为研究确定《万莲街道小区环境卫生公约》（以下简称《公约》）贡献智慧。《公约》形成后，万莲街道选定的试点小区"四位一体"工作体系顺畅运行，在实践中验证了《公约》的生命力和可行性，赢得了小区居民的称赞。

在协商过程中，会场和现场相结合，不设主席台和发言席，充分发言、讨论、提问、解答、辩论，在热烈的氛围中推动问题的解决。对群众提出的问题，经协商能解决的，积极促进解决；对暂时不能解决的，做好宣传政策、解释说明；对持不同意见的群众，及时做好理顺情绪、化解矛盾工作；对群众反映的全局性苗头性问题、建设性意见和可操作性建议，形成专题协商报告报送区委、区政府。

"接地气"的形式，实事求是的作风，拉近了委员与群众的距离，下情充分上达，上情充分下达，怨气少了，和气多了，误解少了，体谅多了。和谐的社区，和美的生活，是大家共同的幸福。

思考题

谈谈你所参加过的社区文化活动及所获得的收获有哪些。

案例七："最美家庭"评选

〖**思政课程结合**〗古语有云，"欲治其国者，先齐其家"。习近平总书记在召开的第一届全国文明家庭表彰大会上指出："家风好，就能家道兴盛、和顺美满；家风差，难免殃及子孙、贻害社会。"习近平总书记谈道，"广大家庭都要弘扬优良家风，以千千万万家庭的好家风支撑起全社会的好风气""各级领导干部要带头抓好家风，做家风建设的表率"。家风优良的文明家庭，能为社会传递更多正能量和爱的真谛。小家庭的和谐带来大社会的和谐，美好的家庭尊老爱幼、勤俭持家，家庭成员忠诚、负责任、重亲情，具有优良家风。美好的家庭构成美丽的社会，引导大学生与家庭成员一起努力，争做最美家庭。

习近平总书记强调，要注重家庭、注重家教、注重家风。在建党百年、启航"十四五"新征程的重要节点，党中央正式出版了《习近平关于注重家庭家教家风建设论述摘编》，为推进新时代家庭家教家风建设提供了科学指引。

家风优良的文明家庭，能为社会传递更多正能量和爱的真谛。沈阳市妇联组织从 2014 年开始在全市开展寻找"最美家庭"活动，已经连续 7 年，累计选树各层级最美家庭 948 户，其中荣获全国级别表彰家庭 27 户。近两年，沈阳进一步深化拓展寻找"最美家庭"的广度和维度，通过群众找、群众评、群众议、群众推荐，走进社区，推选出市级"最美家庭"典型 151 户，全国文明家庭、五好家庭、"最美家庭"10 户，省级"最美家庭"18 户。沈阳市荣获全国、省级最美家庭数量创历史新高。在寻找"最美家庭"的过程中，涌现了许多爱党爱国、振兴乡村、投身抗疫、绿色环保、热心公益、科学教子、孝老爱亲的家庭榜样。其中，夫妻携手、抗击疫情的李兴海家庭令人印象最为深刻。"没有大家，何来小家。"这是李兴海一家一贯坚守的理念。每一次抗疫之战，李兴海夫妇都是先行军。同为医务人员的妻子寇颖，既要承担照顾三位老人和儿子的责任，还要奔波在抗疫一线。他们的事迹感染和带动了很多家庭，成为当之无愧的全国"文明家庭"、全国抗疫"最美家庭"。还有获得全国文明家庭、五好家庭、"最美家庭"二项全国殊荣的洪家光、段海红家庭，他们夫妻俩同是沈阳黎明航空发动机有限公司的一线员工。2018 年，洪家光在人民大会堂领取了我国工人阶级技术创新最高奖——国家科学技术进步二等奖，被业内专家誉为站在生产一线的"航发科学家"。2020年全国劳模先进工作者表彰大会上，习近平总书记亲自为他授奖。洪家光20年如一日勤奋工作，他累计完成技术革新160多项，解决技术难题300多个。这些成就的取得源于他的不懈追求，更归功于父母、爱人的理解支持。这个祖孙三代的普通家庭用创新实干、奋斗自强诠释着新时代沈阳精神。

为大力宣传好这些榜样家庭的事迹，传承好家风好家训，在全社会营造重家风、讲道德、争最美的浓厚氛围，沈阳市妇联先后举办"家和万事兴——最美家庭故事分享会""家睦国兴 筑爱盛京"——2021年度沈阳市"最美家庭"揭晓活动，承办辽宁省"清风传家故事会"，激励广大家庭及家庭成员崇德向善、见贤思齐，推动形成爱国爱家、相亲相爱、向上向善、共建共享的社会主义家庭文明新风尚。沈阳市妇联家儿部荣获2016—2020年度全国家庭工作先进集体。

和谐美满的家庭，在平凡中蕴藏能量，在幸福中闪烁光芒。要把家庭的命运与国家、民族的前途命运紧密联系起来，真正将国家意识、爱党之情融入工作生活的点点滴滴、方方面面。积极践行社会主义核心价值观，弘扬新时代家庭观，让中华传统美德代代相传、让国家和民族的未来后继有人，为创建全国文明城市、推动全市经济社会高质量发展做出更大贡献。

思考题

作为家庭的一员，大学生可以如何为建设和谐家庭做出自己的努力？

四　星火相传——沈阳教育文化

【知识点】当前，我国各级各类教育事业发展迅速，教育与区域发展相互依存、相互促进。各类型学校传播知识、培养人才、探索科技，为区域发展提供创新资源，与科研院所、企业、政府等各类型组织协同配合，推动区域经济社会高质量发展。教育者与受教育者是教育系统的重点要素，教育者必须有明确的教育目的，理解他在实践活动中所肩负的促进个体发展及社会发展的任务或使命；受教育者具有个性化特点，需要结合各自的学习兴趣、能力或风格，进行有效学习，保障学习效率和质量。在新时代，无论是大学、职业学校还是义务教育机构，教育系统中的各类学校都肩负着中华民族伟大复兴的历史使命，教育者与受教育者需要协同配合，积极主动适应国家和区域的新挑战，紧跟时代发展，服务地方需求。

案例八：辽宁大学——沿着校园熟悉的小路，讲述辽大的故事

〖 **思政课程结合** 〗习近平总书记指出，高等教育要立足"两个大局"，心怀"国之大者"，把握大势，敢于担当，善于作为，为服务国家富强、民族复兴、人民幸福贡献力量。2021 年，习近平总书记在清华大学考察时发表重要讲话，激励高校师生砥砺奋进。习近平总书记强调，"要想国家之所想、急国家之所急、应国家之所需"。引导大学生充分利用高等教育资源，刻苦学习，严格要求自己，珍惜宝贵的学习时间，掌握专业知识，培养人文素养，锻炼全面能力，努力掌握建设国家、振兴祖国的过硬本领。

因为一条路，想念一所校；因为一所校，忆起一座城。秉持着"明德精学、笃行致强"的校训，辽宁大学立德树人、公平教育、辽大人追求卓越，不负韶华，为校争光。课堂上的师生互动、校园里的银杏路和文物保护建筑群，一桩桩、一件件都是属于辽大的印记，属于辽大学子对沈阳的回忆。

"沿着校园熟悉的小路，清晨来到树下读书"，每当听到这首歌，有人会想起童年时代的小伙伴，有人会想起青年时代的青葱校园，也有人会想起沈阳崇山路边的那个校园。这首歌就是《校园的早晨》，这座校园就是今天的辽宁大学崇山校区。

20 世纪 80 年代，诗人高枫在辽大校园中写下了这首诗，并由著名作曲家谷建芬作曲，这首堪称国民经典的校园歌曲随之诞生。一首传唱 30 余年的歌谣，从 20 世纪 80 年代到 21 世纪的第二个十年，从东北大地到大江南北，不仅勾连起几代人的历史记忆，也勾连起"中国故事"里的国民记忆。这就是属于辽大的故事。当然，辽大故事里的时间与空间并不止于此。

每当沈阳市民走过崇山路的时候，都会看到辽大牌匾上"辽宁大学"那四个遒劲的大字，也会看到旁边的落款——朱德，这就是辽大光辉历史的见证。辽宁大学从建校至今走过了 74 年的光辉历程。1948 年 11 月，东北人民政府在沈阳建立的商业专门学校，是中国共产党创建的第一所专门商科高校。1953 年，东北商业专科学校合入东北财经学院。1958 年，东北财经学院、沈阳师范学院的部分科系与沈阳俄文专科学校合并，组建成辽宁大学。朱德同志亲笔题写校名。

今天的辽大故事已经不仅停留在沈阳崇山路上的这片校园，今天的辽宁大学是一所具备文、史、哲、经、法、理、工、管、医、艺等学科门类的省属综合性大学，是国家"211 工程"重点建设院校和世界一流学科建设高校。学校现有三个校区，即沈阳崇山校区、沈阳蒲河校区和辽阳武圣校区。学校设有 27 个学院，54 个研究院；有本科专业 75 个，国家级一流本科专业建设点 20 个，省级一流本科专业建设点 4 个；有一级学科硕士学位授权点 27 个、专业硕士学位授权点 24 个、一级学科博士学位授权点 12 个、博士后流动站 8 个、国家重点学科3个。图书馆总面积达4.2万平方米，馆藏文献476万册（件），其中古籍善本书300余种，是国务院批准的"全国古籍重点保护单位"，是联合国出版署指定的联合国文件托存图书馆。学校设有历史博物馆、自然博物馆，珍藏2000余件文物和1.6万余件生物标本。

今天的辽宁大学，立足辽沈，放眼全国，展望世界。辽宁大学已为国家培养各类学生30余万人，为美国、日本、俄罗斯、韩国、意大利、英国、法国、比利时、朝鲜、蒙古国、越南、巴基斯坦等128个国家培养长期留学生18000余人、短期留学生4900余人，国际化办学步入全新的发展阶段。

走过70多年的光辉历程，今天的辽宁大学不仅依旧守候在沈阳崇山路上，也成为沈阳城市记忆的重要载体，它有了一个个新的名字："沈阳市文物保护单位——辽宁大学建筑群""网红打卡地——辽大银杏路"等。无论是那条"校园的小路"，还是今天的"网红银杏路"，都承载了辽大与沈阳这座城市的情缘。的确，一代代辽大校友，无论走多远都会因为"校园的小路"记起辽大，因为辽大记起沈阳。生活在这座城市中的人，无论有多匆忙，也常常在朋友圈中看到辽大的银杏路，想起身边的这所一流学府。

思考题

讨论大学在人的一生中起到什么作用。

案例九：提升职业教育质量 服务沈阳经济发展

〖**思政课程结合**〗《人民日报》指出："我们要构建新发展格局、推动高质量发展，在国际竞争中赢得主动，不仅需要大批拔尖创新人才突破'卡脖子'技术，也需要数以亿计的高素质技术技能人才。"加快发展现代职业教育，是培养高素质技术技能人才最高效、最基础的途径，是推动高质量发展的重要支撑，也是建设教育强国的必然要求。随着我国进入新的发展阶段，产业升级和经济结构调整不断加快，各行各业对技术技能人才的需求越来越紧迫，职业教育重要地位和作用越来越凸显。引导青年学子正确认识职业教育，重视和珍惜职业教育机会，提升自身实际工作技能水平，为中国社会经济高质量发展做出贡献。

教育为经济发展提供人力资本，从宏观层面来看，教育与经济发展水平之间存在显著的正相关关系。对于我国职业教育工作，习近平总书记强调，在全面建设社会主义现代化国家新征程中，职业教育前途广阔、大有可为。在职业教育发展道路上，沈阳市在积极响应国家号召的同时结合"地方特色"发布了《沈阳市职业教育改革实施方案》（以下简称《方案》）。《方案》从加快职业教育改革，提高职业教育水平，强化技能人才素质等方面出发，为职业教育更好地服务沈阳经济发展提供保障。

改革开放 40 多年来，我国已建成世界规模最大的职业教育体系——1.13 万所职业学校、3088 万在校生，职业教育发展实现历史性跨越。习近平总书记强调，我国经济要靠实体经济作支撑，这就需要大量专业技术人才，需要大批大国工匠。沈阳拥有产教融合的深厚基础和精工细作的文化基因，在推进转型发展过程中，职业教育前途广阔、大有可为。

1. 推进产教融合。 目前，在现代制造业、战略性新兴产业和现代服务业等领域，一线新增从业人员 70% 以上来自职业院校。培养技术技能人才、支撑产业结构转型升级，已经成为越来越多职业院校的责任与共识。沈阳通过职业学校的招生计划、教学安排、人才培养、选拔考核等相关事宜，共同确定遴选了沈阳市汽车工程学校等六所合作院校，完成了 1200 名生产学徒工订单培养的招生工作，持续三年培养，完成了"双进"计划。学校教师和学生 1300 多人次到铁西宝马工厂参观，到订单合作学校宣讲 8 次，宝马安全培训教师 35 人，为 2000 多学生教师培训讲授，确保了订单培养取得实效，满足宝马的需求，每年都能向其输送大量能迅速上手的毕业生。此外，学校还和多家车企建立合作关系、订单培养，就业率达 100%。

2. 突出地方特色。 沈阳职业教育改革突出"地方特色"，发布了《沈阳市职业教育改革实施方案》，推进院校产教融合，建设现代职业教育体系。《方案》提出，沈阳将开发一批具有沈阳特色、适应产业转型升级、基于产教融合校企合作的专业课程标准，推进 10 个职业教育集团发展，建设 10 个产教融合实训基地。经过 3—5 年时间，形成以中职为基础的沈阳现代职业教育体系和政府统筹管理、社会多元办学的格局。按照《方案》，沈阳将开发一批具有沈阳特色、适应产业转型升级、基于产教融合校企合作的专业课程标准。沈阳支持发展水平相对较高的 15 所中等职业学校率先发展，办好 7 个国家示范专业，创建 3～5 个新一批国家示范专业。每年培养、培训技术技能型人才 20 万人次以上。"双师型"教师占专业课教师总数超过 65%，建设 25 个市级职业教育教师教学创新团队和 10 个市级技术技能大师工作室。

3. 促进内涵发展。"十四五"规划纲要明确提出"增强职业技术教育适应性"。如今，越来越多的中职学生通过"文化素质＋职业技能"的职教高考走入大学。近些年，职业教育在服务就业改善民生等方面发挥了越来越重要的作用。当前，沈阳市职业院校 70% 以上的学生来自农村，许多家庭通过职业教育实现了孩子走出农村的梦想。通过职业教育掌握一技之长，每个人都有人生出彩的机会。

展望未来，沈阳职业教育将强化德技并修，践行幸福教育，弘扬工匠精神，深化评价改革，要引导更多青年接受高质量职业教育，成长为高素质技能人才和能工巧匠、大国工匠，为沈阳的建设发展贡献自己的力量。

思考题

分析中国职业教育水平与中国社会经济高质量发展之间的关系。

案例十：东北育才悲鸿美术学校——"文化＋艺术"的多学科融合

〖**思政课程结合**〗2019 年 4 月 30 日，习近平总书记在纪念五四运动 100 周年大会上指出："新时代中国青年要自觉树立和践行社会主义核心价值观，善于从中华民族传统美德中汲取道德滋养，从英雄人物和时代楷模的身上感受道德风范，从自身内省中提升道德修为，明大德、守公德、严私德，自觉抵制拜金主义、享乐主义、极端个人主义、历史虚无主义等错误思想，追求更有高度、更有境界、更有品位的人生，让清风正气、蓬勃朝气遍布全社会！"引导大学生不仅要学习专业学科知识，还要重视对自身思想、政治、人文素养的提升。

2007 年，团中央在相关部委的支持下，启动实施了"青马工程"，旨在为党培养信仰坚定、能力突出、素质优良、作风过硬的青年政治骨干。截至 2020 年 6 月，各级"青马工程"共培养近 200 万人。

在沈阳，有这样一所不普通的"普通中学"，它遵循习近平总书记"大爱之心育莘莘学子，大美之艺绘传世之作"，"用好红色资源，传承好红色基因，把红色江山世世代代传下去"的要求，以课程思政为手段，用优异的办学成果讲述着沈阳故事，它就是东北育才悲鸿美术学校。

东北育才悲鸿美术学校通过"文化＋艺术"的多学科融合教学与实践激发师生的文化自信和家乡自豪感，不但激发学生的创作兴趣，开拓其视野和思维，提高其人文素养，更在学生心中深植了爱党、爱国、爱社会主义和爱家乡的情感。

学校师生手绘沈阳党史，"画说"沈阳故事。在《红色印记·家乡名片》风景写生中，师生运用党史学习教育成果，根据新民主主义革命、社会主义革命和建设、改革开放和社会主义现代化建设新时期、中国特色社会主义新时代四个历史时期，选定周恩来同志少年读书旧址纪念馆、中国工业博物馆等 20 余处沈阳党史红色资源；又梳理出家乡沈阳前清文化、民国文化、抗战文化、工业文化四张名片，选定一宫两陵、帅府兵营、一河两岸等 30 余处沈阳旅游著名景观，展开风景速写和色彩写生，汇编成册，举办专题画展献礼党的百年华诞。

2020 年寒假，面对突如其来的新冠疫情，学校师生纷纷用画笔描绘，沈阳抗疫故事，百余幅作品被各级美协刊发、授奖。其中《生命的赞歌》长卷描绘出抗疫一线的英雄群像，登上学习强国。

学生绘制的家乡美景被《辽沈晚报》"童HUA沈阳"活动整版刊发。在"最美的祝福献给您"绘画征集为党庆生的活动中，《中国教育报》融媒体各平台展出的来自全国各地的10幅画作中，东北育才悲鸿美校初高中学生作品独占3幅，以绝对优势展示了沈阳美育成果。

学校以为拔尖创新美术人才打基础为培养目标，毕业生遍及国内外著名高校，成为业界精英。在校园他们以国际视野学习，在世界各地他们始终葆有家乡情怀，人人都以沈阳为骄傲，人人都心系沈阳振兴。

沈阳的多处世界遗产和多项非物质文化遗产，不仅是沈阳也是全国和人类共同的宝贵财富。学校延续育才20余年的世遗和非遗青少年教育，从多学科融合和学业生涯规划角度推进更多悲鸿学子参与到遗产保护事业中来，接受国际理念，担负起人类未来发展的重任。不久前，学校被联合国教科文组织世遗研训中心认定为东北地区两个"世界遗产青少年教育基地"之一。学校还十分重视辽沈地区的非物质文化遗产校园传承，将玉雕、漆画、烙画、剪纸、刺绣等非遗项目引进课堂，学生中涌现齐白石艺术、川剧变脸、沈阳剪纸等非物质文化遗产传承人。

学校积极助力创建"幸福沈阳"，构建功能型服务组织，师生组成"艺术轻骑兵"小分队，发挥美术专业特色，开展送教育送艺术进社区活动，非遗张氏皇苑舞龙、汉字历史文化墙、物理公式井盖画、党史和社会主义核心价值观墙画，拓展了学校惠民功能，成果被学习强国、沈阳机关党建等媒体报道。

学校积极推进以"兴趣、充实、舒适、安全"为内涵的沈阳"幸福教育"，实现做中学、融合学和智慧学、深度学，在"双减"中落实减负增效提质。编纂历史、政治、美术等学科融合的《丰采——"画说"中国共产党百年辉煌》《丰碑——"塑说"中国共产党革命精神》校本教材；举办集美术、音乐、文学、历史为一体的学科融合《青春·先锋》视频展播和《长征组歌》赏析会，开展党史学习教育，纪念红军长征 85 周年。

学校《以红色基因为时代新人培根铸魂启智润心》案例入选《中国教育报》"党史中的校史"系列报道。在宣传周恩来"为中华之崛起而读书"，徐悲鸿"文艺救国、艺术报国""马背上的学校"红色育才东北育才悲鸿美术学校在改革开放大潮中"抢抓机遇、特色创新"等学校"红色基因"的同时，也宣传了家乡沈阳的厚重历史、教育特色和时代精神。

在"周恩来与为中华之崛起"读原著写体会征文大赛中，学校和学生荣获由周总理卫士颁发的最高奖项，师生多幅作品被周恩来少年读书旧址纪念馆收藏；徐悲鸿大师夫人廖静文先生以"悲鸿"为学校命名、题名，并任学校名誉校长，多次应邀走进校园与师生欢聚。其子徐庆平教授至今担任学校学术顾问，指引学校发展，并应邀为辽沈美术爱好者开讲。

学校发掘沈阳红色资源，组织"逛沈阳 学党史"活动。师生宣讲"沈阳与国歌、国徽的故事"，在阅读《十四年抗战在沈阳打响第一枪——

沈阳抗战故事集》，观看电影《国徽》后，走进辽宁省图书馆"奋斗百年路　启航新征程"建党百年主题展，探寻《义勇军进行曲》词曲创作源泉——血盟救国军、东北国民救国军等辽沈义勇军的战斗生活；走进中国工业博物馆，了解国家象征背后感人至深的艰辛历程，浸润革命精神；将沈阳第一机器制造厂职工经过半年的不断探索和攻坚，最终成功铸就新中国第一枚金属国徽的党史故事和学习心得，拍成视频在网上平台展播、分享，赢得社会各界好评。

思考题

谈谈作为大学生如何在学习生活中践行社会主义核心价值观。

五　依法兴邦——沈阳法治文化

【知识点】古今中外国家兴衰的历史深刻昭示，法治兴则国家兴，法治衰则国家乱。党的十八大以来，党中央明确提出全面依法治国，并将其纳入"四个全面"战略布局予以有力推进。党的十八届四中全会专门进行研究，作出关于全面推进依法治国若干重大问题的决定。《中共中央关于党的百年奋斗重大成就和历史经验的决议》中指出，"全面依法治国最广泛、最深厚的基础是人民，必须把体现人民利益、反映人民愿望、维护人民权益、增进人民福祉落实到全面依法治国各领域全过程，保障和促进社会公平正义，努力让人民群众在每一项法律制度、每一个执法决定、每一宗司法案件中都感受到公平正义"。发展区域法治文化，推动区域依法治理是当前提升区域发展水平的有效路径。

案例十一：发挥专业优势　助力沈阳法治建设

〖**思政课程结合**〗《司法部2021年法治政府建设年度报告》中指出，2021年，中国司法部坚持以习近平新时代中国特色社会主义思想为指导，全面贯彻党的十九大和十九届历次全会精神，深入学习贯彻习近平法治思想，深刻领会"两个确立"的决定性意义，增强"四个意识"、坚定"四个自信"、做到"两个维护"，不断提高政治判断力、政治领悟力、政治执行力，坚决贯彻落实党中央、国务院关于法治政府建设的重大决策部署，扎实推动法治政府建设高质量发展。经过多年的努力，我国不断完善治国法律法规，稳步推进我国法制文化建设。引导大学生尊重法律权威，积极学习法律知识，养成守法习惯，增强法律意识，不断提升自己的法治素养。

沈阳曾经是中国法律建设的先行者，有着法制建设的血脉。以李宗胜为代表的优秀律师们扎根沈阳，勇担重任，推动着沈阳法制建设的向前发展。

在沈阳，走出了全国第一名企业法律顾问，从此，法律顾问业务成为全国律师的一项重要法律服务项目。在这里，走出了全国第一个辩护律师团，从此，律师辩护团走向中华大地的各个角落。在这里，首创了律师提成制度，从此，律师薪酬改革如雨后春笋般伴随律师事务所合伙制、合作制等制度不断完善和发展。

自 1978 年律师制度恢复以来，从当年沈阳市司法局成立沈阳法律顾问处的 7 名律师到现在，沈阳律师已经拥有执业律师 6252 人的队伍。他们在沈阳市委市政府的领导下，在反腐败斗争、扫黑除恶、打伞破网、民行审判、法律援助、涉诉涉法信访、一村屯一社区一法律顾问、法治进校园、政府法律顾问制度等方面，时刻为追求公平正义、追求法律的正确实施履职尽责，是沈阳这座新中国工业城市法治建设不可或缺的重要力量。

担任沈阳市政协委员的李宗胜就是这些律师中的一员，二十几年的执业生涯使他成长为一名讲大局、有爱心、讲奉献的优秀律师。

《民法典》颁布后，李宗胜严格从人大代表职责和执业律师专业角度出发，至臻于按照习近平总书记的要求解读《民法典》宣传中的三个"要讲清楚"，根据不同授众从党建、公安、政法、人大、政协、行政、社会治理、社区、企业、妇联、律师等各角度，做了 30 余个课件，有针对性地开展了 40 场宣讲，使受众切实体会到《民法典》的包罗万象、博大精深。他还亲自执笔，以以案说法形式，在辽宁省人大履职平台提供民法典案例每日一读；2020 年 10 月后，又在沈阳晚报融媒体的指尖沈阳开辟民法典专题解读，连续推送 100 期，阅读量达 120 余万；并为行政机关、学校、社区、律师协会宣讲《行政处罚法修订解读》《未成年人权益保护与预防犯罪》等专题讲座 10 余次。不仅如此，李宗胜还在学习中传播，在传播中思考，并将《民法典》的精髓要义应用于履职尽责，组织律师对辽宁省 132 部地方性法规、189 部省政府规章进行梳理，提出修改意见，这在全国律师行业中也是独树一帜的。

作为政协委员，踏实认真是他的一贯作风，深深思考是他的履职风格。他积极参与疫情防控，2020 年 3 月带领全所律师为沈阳抗击疫情捐款 8 万余元；11 月又和中央统战部社会新组织成员赴武汉，向武汉金银潭医院捐款 1 万元；2021 年 1 月，李宗胜又通过沈阳红十字会定向沈阳传染病医院捐款 2 万元。带领全所律师赴阜新章古台中学捐资助学，个人捐款 1.5 万元，担任沈阳爱心广场形象大使，捐款 22 万元；李宗胜还积极参加市政协社法委组织的"双岗双责双作为"活动，参加调研助力企业复工复产、普法进社区、及时提交社情民意等。围绕中心，服务大局，李宗胜始终在委员岗位上兢兢业业。李宗胜的《关于推动高校科技成果在沈转化的提案》被评为优秀提案；《关于进一步优化联合审批制为我市优化营商环境提质增效的提案》获重点提案。

践行初心使命，不以山海为远；传播法治思想，不以咫尺为近。李宗胜和6000多名律师一样，每一次奉献、每一分努力，都会让沈阳的法治建设更进一步。

思考题

讨论大学生应该具备哪些法律相关知识。

案例十二：聚焦民生 精准发力 着力打造人民满意的公共法律服务

〖**思政课程结合**〗 为了满足人民群众对公共法律服务日益增长的需求，司法部印发《全国公共法律服务体系建设规划（2021—2025年）》，把为民服务理念贯穿始终，在均衡配置城乡法律服务资源、加强欠发达地区公共法律服务建设、重点保障特殊群体合法权益、加快建设覆盖全业务全时空的法律服务网络等方面提出专门要求。大学生普法志愿者是普法工作队伍中一支重要的生力军。引导大学生积极参与普法推广活动，利用寒暑假期宣讲《民法典》、法律援助政策，宣传反电信诈骗等法律知识，为推进我国法律文化建设贡献应有的力量。

党的十八大以来，习近平总书记对司法行政工作指示批示最多的就是公共法律服务工作。党的十八届四中全会从全面推进依法治国的战略高度，明确提出要建设完备的法律服务体系，并对推进覆盖城乡居民的公共法律服务体系建设作出部署。党的十九大作出完善公共服务体系、加快推进基本公共服务均等化的决策部署。党的十九届三中全会提出要加强和优化政府法律服务职能，推进公共法律服务主体多元化、提供方式多样化。2020年以来，公共法律服务作为重点协商议题，以绘蓝图，构科学体系；强保障，促持续发展；重基础，提服务质效；谋创新，领多元共进四个方面不断改革创新、团结实干，推动全市公共法律服务工作再上一个新台阶。

公共法律服务是政府公共职能的重要组成部分，是保障和改善民生的重要举措。公共法律服务与人民群众生产生活息息相关，是防范化解重大风险、维护社会和谐稳定的第一道防线，在促进经济高质量发展中具有基础性、服务性和保障性的重要作用。

2020年开始，沈阳市政协把公共法律服务体系建设作为重点协商议题，围绕积极拓展公共法律服务领域、有效提升公共法律服务质量、加大公共法律服务保障力度、加快公共法律服务平台建设、促进公共法律服务多元化、专业化等专题，开展了广泛、深入调研。

以此为基础，在2021年提出了《关于健全公共法律服务体系推动市域社会治理现代化的提案》，沈阳市各级党委、政府和司法行政机关根据市政协的有关建议，不断健全机制，优化服务，加快推进沈阳市公共法律服务体系建设向纵深发展，在服务保障民生、服务经济社会发展、服务法治化营商环境建设中发挥了积极力量。

坚持党委领导、政府主导、社会参与一体化统筹推进，是公共法律服务能够持续发展的关键。按照沈阳市委、市政府的总体工作部署，市司法局经深入调研，起草了《关于加快推进公共法律服务体系建设的实施意见》（以下简称《实施意见》），于 2021 年 7 月以沈阳市委办公室、市政府办公室名义印发。《实施意见》聚焦公共法律服务平台建设、法律援助、矛盾纠纷调处、公益性法律服务和多元化公共法律服务体系 5 方面，提出 15 项具体工作举措，明确了沈阳市公共法律服务体系当前和未来一段时期的总体建设路径和工作发展指标，为全市公共法律服务体系建设的科学发展奠定了总基调。

打造可持续发展的公共法律服务体系，建立与社会需求相适应的经费保障体系是基础。沈阳市政府常务会研究决定，要根据沈阳市经济社会发展水平和人民群众需求，全面提升公共法律服务经费保障水平。沈阳市司法局和市财政局联合制定了《沈阳市法律援助经费使用管理办法》和《一社区（村）一法律顾问工作管理办法》，重新调整了法律援助和社区（村）法律顾问经费补贴标准。2022 年起，全市公共法律服务经费较之前水平提升近 4 倍，位于辽宁省前列，深刻体现了党委、政府对于民生保障的关切，为沈阳市公共法律服务体系建设的深入推进奠定了建设基础。

在各级党委、政府的大力支持下，全市司法行政机关着力完善各类服务功能，全力为社会提供优质、高效、便捷的公共法律服务。

全面加强公共法律服务平台建设。完善实体平台建设标准，开展规范化标准化建设，着力打造一批功能完善、具有示范效应的公共法律服务中心和工作站；提升"12348"公共法律服务热线服务能力，与"12345"热线并网运行，接线坐席由6条增至10条。

全面加强法律援助。在辽宁省率先推行法律援助全域通办，实现市、区全域内法律援助受理、审查一体通办；明确27项免于核查经济困难事项，加强对经济困难和特殊群体的保障力度，真正实现应援尽援、应援优援。

全面加强纠纷化解。建成"村（居）民评理说事点"2637个，在辽宁省率先实现村、社区评理说事点全面覆盖，共化解矛盾纠纷19324件，收集排查信息线索33164条，开展各类法治宣传教育活动9791次，为群众解答法律咨询31561余次，切实筑牢基层防风险、保稳定"第一道防线"。

在做好咨询、援助、调解等基本公共法律服务基础上，全市各级司法行政机关积极开拓创新，不断拓展公共法律服务内容和形式，为经济社会发展贡献积极作用。

深入推进公共法律服务进园区、进企业。在全省率先开展公共法律服务进产业园区工作，通过设立实体平台、组建服务团队等多种形式，实现全市产业园区公共法律服务全覆盖。2021年5月以来，沈阳市服务团队共走访企业1600余家，开展法治体检227次，开展培训宣讲 128 次，召开座谈会 68 次，发放宣传材料 1.2 万余份，切实为企业健康发展保驾护航。深入推进法律服务行业便民利民措施。全市公证、司法鉴定等法律服务行业普遍建立涉企、涉特殊群体绿色通道；学历、学位等公证实行跨省通办，最多跑一次公证服务事项扩展至 106 项，全面落实证明材料清单制度，6 家公证处开通远程视频办证服务，为疫情新常态下人民群众的办证需求提供了便捷服务，进一步提升群众获得感、幸福感。深入推进乡村地区公共法律服务建设。开展"乡村振兴 法治同行"主题活动，组建市区两级公共法律服务团，为乡村地区公共法律服务需求提供后台支持；在浑南、沈北等地区试点配置智能网络终端，通过现代化技术手段，把全业务、全时空的公共法律服务送到群众身边；法库县公共法律服务中心率先开展司法鉴定进中心全省试点工作；沈阳市 1500 余个村法律顾问全部对接，实现法律服务"零距离"，公共法律服务在乡村振兴中的积极作用得到全面发挥。

思考题

谈谈大学生可以参与哪些法制相关志愿活动。